Die
Geschäftsordnung
für die
Gerichtsschreibereien der Amtsgerichte

vom 26. November 1899

mit

Erläuterungen und Musterausfüllungen in den Formularen

nebst einem

Examinatorium für Justiz- und Militär-Anwärter

von

Carl Magnus,
Gerichts-Sekretär.

Berlin 1901.
J. Guttentag, Verlagsbuchhandlung,
G. m. b. H.

Vorwort und Einleitung.

I. Materielles und formelles Recht und Verwaltungsvorschrift bilden die Grundlage der Geschäftsordnung; fehlt dieses Fundament, so ist volles Verständniß ausgeschlossen, und es treten jene Halbheiten in die Erscheinung, die der Mann der Praxis sowohl innerhalb des Dienstes als auch in zahlreichen Anfragen bei Fachzeitschriften zu beobachten Gelegenheit hat. Diesem Umstande verdankt das vorliegende Werk seine Entstehung. Es soll deshalb den betheiligten Kreisen ein bequemes Hülfsmittel werden und Antwort auf die täglich wiederkehrenden Zweifelsfragen geben. Die unter den Text gesetzten Anmerkungen sind ohne den Kern der Sache verhüllende Umschweife einfach und leicht verständlich gehalten und mit Beispielen versehen. Die Register sind unter der Voraussetzung, daß Anschauung das beste Lehrmittel ist, mit einer großen Anzahl von Mustern angefüllt, denen eingehende Erläuterungen beiliegen. Die amtlichen Probeausfüllungen nehmen die erste Stelle in den Formularen ein und sind gesperrt gedruckt. Einzelne Worte im Texte sind in fetter Schrift gehalten, sie sollen andeuten, um was es sich in den einzelnen Absätzen handelt. Die Zahlen der Anmerkungen beziehen sich auf die Absätze der betreffenden Paragraphen.

Dem Umstande, daß die Register in ihren einzelnen Theilen den Zwecken der statistischen Jahresübersichten (Hauptübersichten) dienen, ist weitgehend Rechnung getragen und in den Anmerkungen auf die betreffenden Spalten der Hauptübersicht verwiesen worden, so daß das Werk zugleich die Aufstellung der Hauptübersicht erleichtert.

II. Das 300 Fragen enthaltende Examinatorium für Justiz- und Militair-Anwärter dürfte auch den Prüfungs-Kommissionen nicht unwillkommen sein.

III. Ich hoffe demnach, einem Bedürfniß abzuhelfen, wenn ich ein Buch der Oeffentlichkeit übergebe, das aus der Praxis für die Praxis geschaffen ist. Eine freundliche Aufnahme desselben würde mich für jahrelange mühsame Arbeit belohnen. Alle Zuschriften, die mich auf Irrthümer und Fehler aufmerksam machen, werden mich zu großem Danke verpflichten.

Berlin, im Juli 1901.

Carl Magnus.

Inhalt.

I. Geschäftsordnung für die Gerichtsschreibereien der Amtsgerichte.

Erster Abschnitt. Allgemeine Vorschriften.

Zweiter Abschnitt. Civilprozeßsachen.

Dritter Abschnitt. Konkurssachen.

Vierter Abschnitt. Strafsachen.

Fünfter Abschnitt. Gerichtliche Urkunden.

Sechster Abschnitt. Grundbuchsachen.

Siebenter Abschnitt. Oeffentliche Register.

Achter Abschnitt. Nachlaß- und Theilungssachen.

Neunter Abschnitt. Familienrechtliche Angelegenheiten.

Allgemeine Verfügung des Justizministers vom 2. Dezember 1899,

betreffend

den Erlaß neuer Geschäftsordnungen für die Gerichtsschreibereien und die Sekretariate.

(Just.-Minist.-Bl. S. 394.)

(Allgemeine Verfügungen vom 3. August 1879 (Just.-Minist.-Bl. S. 230), vom 8. September 1879 (Just.-Minist.-Bl. S. 324) und vom 14. Dezember 1896 (Just.-Minist.-Bl. S. 363).

1. Die Geschäftsordnungen
   1. für die Gerichtsschreibereien der Amtsgerichte vom 26. November d. J.
   2. für die Gerichtsschreibereien der Landgerichte vom 27. November d. J.
   3. für die Sekretariate der Staatsanwaltschaften bei den Landgerichten vom 28. November d. J.,
   4. für die Gerichtsschreibereien der Oberlandesgerichte vom 29. November d. J.,
   5. für die Sekretariate der Staatsanwaltschaften bei den Oberlandesgerichten vom 30. November d. J.

treten am 1. Januar 1900 an die Stelle der bisher geltenden Geschäftsordnungen. Für die am 1. Januar 1900 bereits anhängigen Sachen werden die vorhandenen Register und die Akten weitergeführt. Das Gleiche gilt von den vorhandenen alphabetischen Namenverzeichnissen.

2. In den vorhandenen Akten, deren Inhalt bereits durch Ordnungsnummern bezeichnet ist, ist die begonnene Nummernfolge fortzusetzen. In denjenigen Akten, deren Inhalt bisher durch Tagebuchnummern bezeichnet oder in welchen eine früher begonnene Nummernfolge durch Tagebuchnummern wieder unterbrochen worden ist, beginnt am 1. Januar 1900 für die mit Ordnungsnummern zu versehenden Schriftstücke eine neue Nummernfolge mit der Ziffer 1.

3. Die gemäß dem §. 61 Abs. 4 der bisherigen Geschäftsordnung für die Gerichtsschreibereien der Amtsgerichte erlassenen Anordnungen, durch welche für einzelne Amtsgerichte Abweichungen von den Vorschriften dieser Geschäftsordnung genehmigt worden sind, bleiben unberührt.

4. Bei der Herstellung der Formulare für die Aktenregister, Listen und Kalender ist die Breite der einzelnen Spalten nach dem Ermessen der Oberlandesgerichtspräsidenten und Oberstaatsanwälte unter Berücksichtigung der örtlichen Verhältnisse zu bestimmen.

5. Insoweit die älteren Formulare ohne Schwierigkeiten oder Undeutlichkeiten handschriftlich geändert werden können, sind die vorhandenen Bestände aufzugebrauchen.

6. Die zur Ausführung der Geschäftsordnungen erforderlichen Anordnungen werden von den Vorständen der Gerichte und der Staatsanwaltschaften erlassen. Allgemeine Anordnungen, welche für den Bezirk eines Oberlandesgerichts getroffen werden, sind zur Kenntniß des Justizministers zu bringen.

Berlin, den 2. Dezember 1899.

Der Justizminister.
Schönstedt.

Erster Abschnitt.

Allgemeine Vorschriften.

§. 1. Einrichtung der Gerichtsschreiberei.

1. Die Gerichtsschreiberei des Amtsgerichts wird, wo das Bedürfniß es erfordert, in mehrere Abtheilungen zerlegt; die Abtheilungen werden durch arabische Ziffern bezeichnet.

2. Sind bei einem Amtsgerichte mehrere Gerichtsschreiber angestellt, so kann der Oberlandesgerichtspräsident einen von ihnen zum **Ersten Gerichtsschreiber** bestellen; bei großen Amtsgerichten können mehrere Erste Gerichtsschreiber bestellt werden. Die Bestellung ist widerruflich. Bei einer Behinderung des Ersten Gerichtsschreibers bestellt der aufsichtführende Richter einen Vertreter.

3. Die Obliegenheiten des Ersten Gerichtsschreibers werden, falls ein solcher nicht bestellt ist, im Wege der Geschäftsvertheilung einem Gerichtsschreiber übertragen.

4. Den **Anordnungen** des Ersten Gerichtsschreibers über den Geschäftsbetrieb haben die übrigen Beamten der Gerichtsschreiberei sowie die Kanzlei- und Unterbeamten bis zu einer etwaigen anderweitigen Entscheidung des aufsichtführenden Richters Folge zu leisten.

5. Die Gerichtsschreiber sind verpflichtet, sich in Behinderungsfällen gegenseitig zu **vertreten**.

1. § 154 G.V.G.
2. Gerichtsschr.Ord. v. 17. Dez. 1899, J.M.Bl. S. 849.

§. 2. Aeußere Ordnung.

1. Alle Geschäftsräume des Gerichts sind mit **Nummern** und mit der **Aufschrift** ihrer Bestimmung zu versehen. Bei größeren Gerichten ist ein Verzeichniß der Geschäftsräume im Hausflur anzubringen.

2. Soweit für den Verkehr des **Publikums** mit dem Richter (z. B. in Grundbuchsachen oder in sonstigen Angelegenheiten der freiwilligen Gerichtsbarkeit) bestimmte Tage und **Stunden** festgesetzt sind, ist dies durch Anschlag an der Gerichtstafel und an den Thüren der Geschäftsräume ersichtlich zu machen. Diese Vorschrift findet auf die ordentlichen Gerichtstage entsprechende Anwendung.

3. **Außerhalb** der Fächer und Behältnisse dürfen sich nur solche Akten und Schriftstücke befinden, welche zu den vorliegenden Arbeiten gehören. Die Aktenfächer sind mit deutlichen **Ueberschriften** zu versehen.

4. Ein Auszug aus dem **Inventare** für Utensilien ist in jedem Geschäftszimmer auszuhängen.

4. Formul. 1 zu Nr. 58 d. Etatsvorschriften v. 31. März 1900.

§. 3. Geschäftszeit, Einsicht der Akten, Anmeldestube, Briefkasten.

1. Die gewöhnlichen **Dienststunden** währen Vormittags von 8 bis 1, Nachmittags von 3 bis 6 Uhr. Der Landgerichtspräsident kann die Dienststunden auf andere Stunden verlegen und unter besonderen Umständen abkürzen.

2. Für die **Rechtsuchenden** soll die Gerichtsschreiberei mindestens zwei Stunden werktäglich geöffnet sein. Der Landgerichtspräsident setzt die hierzu ein- für allemal bestimmten Tagesstunden (Sprechstunden) fest. Die Sprechstunden sind in der im §. 2 Abs. 2 vorgeschriebenen Weise bekannt zu machen.

3. Für **Rechtsanwälte** und Notare, die sich in Person auf der Gerichtsschreiberei einfinden, gilt die Beschränkung auf die Sprechstunden nicht.

4. Die **Einsicht** der öffentlichen Register und der Akten hat der Gerichtsschreiber ohne richterliche Anweisung insoweit zu gestatten, als die Einsicht nach gesetzlichen Bestimmungen Jedermann freisteht.

5. Für **eilige Fälle** und bei besonderem Geschäftsandrang ist der Geschäftsbetrieb an keine Zeit gebunden.

6. Bei Amtsgerichten von beträchtlichem Geschäftsumfange kann zur Entgegennahme von Gesuchen, welche von dem Gerichtsschreiber aufzunehmen sind, eine **Anmeldestube** eingerichtet werden.

7. Um den Rechtsuchenden Gelegenheit zu geben, außerhalb der Sprechstunden schriftliche Eingaben niederzulegen, ist im Hausflur ein **Briefkasten** anzubringen. In der Aufschrift ist darauf hinzuweisen, daß Schriftstücke in Grundbuchsachen auf der Gerichtsschreiberei abzugeben sind.

3. Der Briefkasten ist mindestens zweimal werktäglich, und zwar bei dem Beginn und kurz vor dem Schlusse der Dienststunden, nach Bedürfniß noch öfter, zu leeren. Die Leerungszeiten sind auf dem Briefkasten zu vermerken.

4. Bezieht sich insbesondere auf die Register des § 53, 1 nebst den dazu gehörigen Akten, auf das Schuldnerverzeichniß des § 27, 8, auf die bei den Zwangsversteigerungsakten befindlichen Mittheilungen des Grundbuchamts, der Anmeldungen u. s. w. Dagegen ist die Einsicht des Grundbuchs und der Grundakten von dem Nachweise eines „berechtigten" Interesses abhängig zu machen. S. § 11 d. R.Grundb.Ord, § 36 d. Allg. Verf. v. 20. Nov. 1899 (J.M.Bl. S. 349) u. Fischer, Grundbuch-Ordnung, II. Aufl. S. 35, Anm. 2. Darnach muß bei einem ernsten Reflektanten auf ein Grundstück ein „berechtigtes" Interesse angenommen werden; vgl. darüber auch Fidler, Leitfaden, Nr. 570.

§. 4. Obliegenheiten im Allgemeinen.

1. Der **Gerichtsschreiber** hat auf Erfordern des Richters das Protokoll[a] zu führen; die von dem Richter getroffenen Anordnungen durch Anfertigung der Entwürfe,[b] Ertheilung der Ausfertigungen und Abschriften sowie durch Anfertigung von Rechnungsarbeiten (Allgemeine Verfügung vom 16. September 1895 — Just.-Minist.-Bl. S. 273) auszuführen; nach Maßgabe der bestehenden Vorschriften die Gerichtskosten zu berechnen, bei der Prüfung der Kostenfestsetzungsgesuche[c] nach näherer Anweisung des Richters Hülfe zu leisten, bei der Einziehung der Gerichtskosten mitzuwirken und die Befolgung der Stempelsteuergesetze zu überwachen; für die Ordnung und Aufbewahrung der Akten und sonstigen Schriften zu sorgen; kleinere Schreibarbeiten, insbesondere die in der Allgemeinen Verfügung vom 5. April 1895 (Just.-Minist.-Bl. S. 125) bezeichneten, soweit nicht Ausnahmen nachgelassen sind, selbst zu fertigen; Register und Listen zu führen; die Aufstellung der vorgeschriebenen Auszüge und der Geschäftsübersichten[d] zu bewirken; überhaupt sich denjenigen Verrichtungen zu unterziehen, welche im Interesse des Geschäftsbetriebs erforderlich sind.

2. Sind in einer Abtheilung der Gerichtsschreiberei mehrere Beamte dauernd beschäftigt, so hat der aufsichtführende Richter die **Vertheilung der Geschäfte** durch schriftliche Anordnung zu regeln.

3. Zu den Obliegenheiten des **Ersten Gerichtsschreibers** gehört es:

a) Utensilien, Drucksachen, Schreibmaterialien, Beleuchtungs- und Heizungsmaterial sowie sonstige für den Geschäftsbetrieb erforderliche Gegenstände nach den ihm ertheilten Weisungen anzuschaffen und zu verwalten;

b) die Inventare des Amtsgerichts zu führen und darüber zu wachen, daß die für die äußere Ordnung und Sicherheit der Geschäftsräume erlassenen Anweisungen befolgt werden;

c) die Geschäftsübersichten aus den Nachrichten zusammenzustellen, welche die einzelnen Gerichtsschreiber zu liefern haben.

4. Dem Ersten Gerichtsschreiber liegt es ferner ob, die in den Geschäftsräumen des Gerichts gefundenen Sachen zu verwahren (B.G.B. §. 978). Ueber die Verwahrung und die Verwerthung dieser Sachen sind Generalakten zu führen, denen ein Verzeichniß der in der Verwahrung befindlichen Gegenstände vorzuheften ist. Ist ein Gegenstand fortgeschafft, so ist dies in dem Verzeichniß unter Hinweis auf die veranlassende Verfügung zu vermerken.

5. Sachen, mit denen gemäß §. 983 des Bürgerlichen Gesetzbuchs verfahren werden soll, z. B. Ueberführungsstücke, deren Eigenthümer nicht zu ermitteln ist, sind an den Ersten Gerichtsschreiber abzuliefern; sie werden in gleicher Weise wie die oben erwähnten Fundsachen behandelt.

1. a) S. Art. 2, 2 Pr. G. freiw. G. Hiernach kann der Richter auch in den Fällen, in denen nach dem Gesetz ein Protokollführer nicht nothwendig ist, einen solchen zuziehen, „wenn es zur sachgemäßen Erledigung des Geschäfts zweckmäßig ist". In den „Begründungen" sind als solche Geschäfte das Theilungsverfahren, Zeugenvernehmungen, die mündliche Verhandlung im Ordnungsstrafverfahren (z. B. in Firmensachen), die Verhandlung über die Dispache bezeichnet. S. Pr. G. freiw. G., erschienen bei Nauck & Co., Anm. 1–4 zu Art. 2. (Beilage z. Bureaubl. f. 1900.) — Ein Diktiren soll im Allgemeinen nicht stattfinden, auch darf der Gerichtsschreiber nicht blindlings nachschreiben. S. Fidler, Leitfaden, Anm. zu Nr. 870.

b) z. B. Zahlungsbefehle, Bestallungen.

c) S. § 105, 2 C.P.O.

d) S. Allg. Verf. v. 6. Dez. 1880 (J.M.Bl. S. 272), v. 11. April 1892 (J.M.Bl. S. 146), v. 11. Nov. 1893 (J.M.Bl. S. 325), v 30 Nov. 1899 (J.M.Bl. f. 1900 S. 3) und v. 19. Okt. 1900 (J.M.Bl. S. 611). Durch die letztere Verf. sind neue Formulare vorgeschrieben und im Anschluß daran den Gerichten „die Bemerkungen für die Aufstellung der Hauptübersichten der Geschäfte bei den Amtsgerichten" zugegangen; sie bringen leicht verständliche Erläuterungen, deren Kenntniß auch zur Führung der Register unerläßlich ist.

4. Diese Sachen sind an den I. Gerichtsschr. abzuliefern und öffentlich zu versteigern a) sofort, wenn sie dem Verderben ausgesetzt sind oder ihre Aufbewahrung unverhältnißmäßige Kosten verursachen würde, b) nachdem die Empfangsberechtigten durch öffentliche Bekanntmachung (§ 980 B.G.B.) zur Anmeldung ihrer Rechte aufgefordert sind. Gemäß der allg. Verf. v. 21. Nov. 1899 (J.M.Bl. S. 379) geschieht die Bekanntmachung durch sechswöchentlichen Aushang an der Gerichtstafel. und — wenn es für erforderlich erachtet wird — durch öffentliche Blätter. Die Frist zur Anmeldung ist in der Bekanntmachung zu bestimmen; sie beträgt mindestens 6 Wochen

§. 5. Eingänge.

1. **Sendungen** an das Gericht werden, wenn sie **verschlossen** eingehen, von dem Richter der Gerichtsabtheilung, welche in der Aufschrift bezeichnet ist, wenn diese Bezeichnung fehlt, von dem aufsichtführenden Richter und bei einer Abwesenheit oder einer sonstigen Behinderung des zuständigen Richters und seines regelmäßigen Vertreters durch einen von dem aufsichtführenden Richter bestimmten Vertreter geöffnet; zum Vertreter kann auch ein Gerichtsschreiber bestellt werden.

2. **Sendungen** an das Gericht, welche **offen** eingehen, und alle Sendungen an die Gerichtsschreiberei hat der Gerichtsschreiber der in der Aufschrift bezeichneten Abtheilung, beim Mangel einer solchen Bezeichnung der Erste Gerichtsschreiber, in Empfang zu nehmen und, soweit erforderlich, zu öffnen. Der Erste Gerichtsschreiber hat auch die in der Anmeldestube aufgenommenen Gesuche in Empfang zu nehmen und zu sondern.

3. Der **Landgerichtspräsident** kann nach dem örtlichen Bedürfniß abweichende Vorschriften erlassen.

4. Bei der **Entgegennahme** einer Schrift sind darauf der Zeitpunkt des Einganges, die Zahl der Anlagen und diejenigen Postgebühren anzugeben, welche als baare Auslagen in die Kostenrechnung aufzunehmen sind. Ist der Absender einer mit Eingangsporto beschwerten Sendung zur Frankirung verpflichtet, so ist der Briefumschlag behufs Einziehung des Portos der Post zurückzugeben.

5. Bei **Klagen und Ladungsschriften** in Civilprozeßsachen ist der Zeitpunkt der Uebergabe auf der Urschrift und auf den Abschriften zu vermerken (C.P.O. §. 169 Abs. 2); der Verbleib der Urschrift ist auf der bei den Akten zurückbehaltenen Abschrift ersichtlich zu machen. Bei Schriftstücken, durch deren vom Gerichtsschreiber zu vermittelnde Zustellung eine **Nothfrist** gewahrt werden soll (C.P.O. §. 207 Abs. 2) hat der Gerichtsschreiber den Eingangsvermerk auf der Urschrift und auf den Abschriften mit **vollem Namen** zu unterzeichnen.[a)]

6. In gleicher Weise ist auf den **Vollmachten zur Ausschlagung einer Erbschaft** oder zur Anfechtung der Ausschlagungserklärung der Tag des Einganges besonders zu bescheinigen, wenn diese Vollmachten erst nach der Abgabe der Ausschlagungs- oder Anfechtungserklärung durch den Bevollmächtigten eingereicht werden (B.G.B. §§. 1945, 1955).

7. Enthält die Sendung ein **eigenhändiges Testament,** dessen amtliche Verwahrung verlangt wird (§. 47 Abs. 7), so ist der Eingangsvermerk auf das Testament oder dessen Umschlag zu setzen und von dem Beamten, der die Sendung in Empfang nimmt, mit vollem

Namen zu unterzeichnen; auf dem Umschlage des Testaments ist, falls nicht seine Erkennbarkeit durch einen schon vorhandenen Vermerk gesichert erscheint, der Name des Einsenders zu vermerken.

8. Im Uebrigen wird der **Eingangsvermerk** nur in den gesetzlich bestimmten Fällen auf die Anlagen der Schrift gesetzt.

9. Gelangt die Schrift nicht an dem vermerkten Tage an die Gerichtsschreiberei, so hat diese einen **besonderen Eingangsvermerk** zu machen.

10. Auf Anträgen und Ersuchen,[a] die auf eine **Eintragung im Grundbuche** gerichtet sind, ist der Zeitpunkt, in welchem sie bei dem Grundbuchamt eingehen, nach Tag, Stunde und Minute zu vermerken; der Beamte, welcher den Antrag oder das Ersuchen in Empfang nimmt (Ausf.G. z. G.B.O. Artikel 4), hat den Eingangsvermerk mit vollem Namen zu unterzeichnen. Hat der Richter das Schriftstück in Empfang genommen, ohne den Eingangsvermerk zu machen, so ist es ihm zur Nachholung des Vermerkes wieder vorzulegen.

11. Die Vorschriften des Abs. 10 sind auch bei Anträgen zu befolgen, welche von dem Grundbuchamte selbst **aufgenommen** sind.

12. Bezieht sich der Antrag oder das Ersuchen auf mehrere im Bezirke des Grundbuchamts belegene Grundstücke, für die **verschiedene Grundbuchführer** (§. 51 Abs. 1) nach der Geschäftsvertheilung zuständig sind, so ist der Antrag oder das Ersuchen unverzüglich zur Kenntniß aller betheiligten Grundbuchführer zu bringen. Der Inhalt, der Zeitpunkt des Einganges und der Verbleib des Antrags oder Ersuchens ist zu den Grundakten, soweit der Antrag oder das Ersuchen nicht selbst zu ihnen genommen wird, auf einem Blatte zu vermerken, das eine besondere Ordnungsnummer erhält. Auf diesem Blatte ist später anzugeben, wie der Antrag oder das Ersuchen erledigt worden ist.

13. Auf Anträge und Ersuchen, die auf eine sich auf Schiffspfandrechte beziehende Eintragung im **Schiffsregister** gerichtet sind, finden die Vorschriften der Abs. 10 bis 12 entsprechende Anwendung.

5. Diese Vorschrift bezieht sich nicht etwa auf die Berufung in Strafsachen, es kommt insbesondere der Einspruch gegen das Versäumnißurtheil und den Vollstreckungsbefehl in Betracht (§§ 339, 340, 700 C.P.O.).

6. Ein Bevollmächtigter bedarf zur Ausschlagung einer Erbschaft einer öffentlich beglaubigten Vollmacht, die entweder der Erklärung beizufügen oder innerhalb der im § 1944, 1 B.G.B. bestimmten Ausschlagungsfrist von 6 Wochen nachzubringen ist; zur Feststellung, ob diese Frist gewahrt ist, dient der Eingangsvermerk.

7. Das eigenhändige (holographische) Testament ist die von dem Erblasser unter Angabe des Ortes und Tages eigenhändig geschriebene und unterschriebene

Erklärung (§ 2231, 2 B.G.B.), es kann offen oder verschlossen eingesandt oder persönlich übergeben werden. Nicht zu verwechseln mit dem eigenhändigen, persönlich übergebenen ist das durch Uebergabe einer Schrift vor dem Richter errichtete Testament (§ 2238 B.G.B.).

10. a) d. h. von Behörden. Fidlers Leitfaden führt in Nr. 584 b die Behörden auf, welche insbesondere in Betracht kommen.

§. 6. Werth- und Einschreibsendungen.

1. Die Empfangnahme der an das Gericht, an die Gerichtsschreiberei, an eine Abtheilung des Gerichts oder der Gerichtsschreiberei oder an ein einzelnes Organ des Gerichts, z. B. den Gefängnißvorsteher oder die Gefangenarbeitsverdienstkasse,[a] adressirten Postanweisungsbeträge und Sendungen mit Werthangabe sowie die Oeffnung der Sendungen bleibt dem aufsichtführenden Richter ausschließlich vorbehalten. Dieser vollzieht die Empfangsscheine unter der Bezeichnung „Königliches Amtsgericht" und unter Beidrückung des Gerichtssiegels, nachdem der Erste Gerichtsschreiber die Eingänge in das Posteingangsnotizbuch eingetragen hat. Er hat für den Fall, daß er selbst und sein regelmäßiger Vertreter abwesend oder behindert sein sollten, einen Vertreter zu bestimmen und der Postbehörde namhaft zu machen; zum Vertreter kann auch ein Gerichtsschreiber bestellt werden.

2. Das Posteingangsnotizbuch hat 9 Spalten mit folgenden Ueberschriften: 1. Tag des Einganges, 2. Nummer des Ablieferungsscheins oder der Postanweisung, 3. Aufschrift (Adresse), 4. Abgangsort, 5. Werthangabe in Mark, 6. Name des Ausgabebeamten der Post, 7. Tag und Stunde der Ausgabe, durch den Tagesstempel beglaubigt, 8. Bezeichnung der Sache, 9. Nachweis über den Verbleib des Geldes. Enthält die Sendung andere Werthgegenstände als baares Geld, so ist dies in Spalte 9 zu vermerken.

3. Die Postanstalt wird ein- für allemal ersucht, die baaren Einzahlungen und die Sendungen mit Werthangabe bei der Rückgabe der vollzogenen Ablieferungsscheine nur unter Vorlegung des Notizbuchs zu verabfolgen. Zum Anerkenntnisse der richtigen Eintragung der Eingänge in das Notizbuch trägt der Postausgabebeamte bei dem letzten Posten mehrerer hinter einander eingetragener Sendungen desselben Ankunftstags, bei Werthsendungen mit Bezeichnung ihrer Anzahl, bei Postanweisungen unter Angabe des Gesammtbetrags, seinen Namen unter Abdruck des Tagesstempels in Spalte 7 ein.

4. Beim Eingange von Werthsendungen sind die Begleitschreiben und, falls solche Schreiben fehlen, die sofort unter Beilegung der Ab-

schnitte der Postanweisungen aufzunehmenden, den Eingang bekundenden Vermerke mit einer Angabe über den Verbleib oder die vorläufige Verwahrung zu versehen.

5. Der aufsichtführende Richter oder sein Vertreter hat auch die an das Gericht, an die Gerichtsschreiberei, an eine Abtheilung des Gerichts oder der Gerichtsschreiberei oder an ein einzelnes Organ des Gerichts gerichteten eingeschriebenen Postsendungen zu öffnen und die darüber der Post zu ertheilenden Empfangsscheine zu vollziehen. Ist die Postbehörde damit einverstanden, so werden die eingeschriebenen Sendungen ebenfalls in das Posteingangsnotizbuch eingetragen, andernfalls wird darüber von einem dazu bestimmten Beamten eine besondere Liste gehalten.

6. Bei größeren Amtsgerichten kann der Landgerichtspräsident die Befugnisse des aufsichtführenden Richters in Betreff solcher Sendungen, welche an eine bestimmte Abtheilung des Gerichts oder der Gerichtsschreiberei adressirt sind, einem anderen Amtsrichter übertragen. Die Anordnung ist der Postbehörde mitzutheilen.

7. Die Vorschriften dieses Paragraphen finden auf die an die Gerichtskasse gerichteten Sendungen keine Anwendung.

1. a) Ausgenommen sind die an die Gerichtskasse eingehenden Sendungen, s. Abs. 7.

§. 7. Akten und Blattsammlungen.

1. Aus den Schriftstücken, welche dieselbe Rechtsangelegenheit betreffen, werden nach Maßgabe der vorgeschriebenen Aktenregister Akten oder Blattsammlungen gebildet; Blattsammlungen dürfen nur in den durch diese Geschäftsordnung bestimmten Fällen angelegt werden.

2. Andere Schriftstücke und Schriftstücke in solchen Rechtsangelegenheiten, für die ein besonderes Register nicht vorgeschrieben ist, werden zu Generalakten genommen. Es ist auch zulässig, Schriftstücke, welche verschiedene, aber gleichartige Angelegenheiten betreffen, zu gemeinsamen Akten (Sammelakten) zu vereinigen; Sammelakten gelten als Generalakten.

3. Jedes Aktenstück sowie jede Blattsammlung erhält ein Aktenzeichen. Das Aktenzeichen wird durch den Buchstaben oder die römische Zahl und die Nummer des Aktenregisters und zwar, wenn dieses jahrgangsweise geführt wird, unter Beifügung der Jahreszahl gebildet. Ist die Bearbeitung derselben Gattung von Geschäften unter

mehrere Abtheilungen der Gerichtsschreiberei getheilt, so ist dem Aktenzeichen eine die Gerichtsschreibereiabtheilung bezeichnende arabische Ziffer voranzustellen.

4. Für **Grundakten** dient als Aktenzeichen die Bezeichnung des Grundbuchs nach Bezirk, Band und Blatt. **Bergwerksakten** erhalten den Zusatz „Bgw".

5. Für **Landgüter-** und Höfeakten ist das Aktenzeichen aus der Nummer der Landgüter- oder Höferolle unter Hinzufügung der Gemeinde zu bilden.

6. Bei den zu dem Handels-, Börsen-, Vereins-, Güterrechts-, Genossenschafts-, Wassergenossenschafts-, Muster- und Schiffsregister gehörigen Blattsammlungen (**Registerakten**) wird das Aktenzeichen durch die abgekürzte Bezeichnung des Registers und die Eintragungsnummer vertreten. Hierbei sind folgende Abkürzungen zu wählen:

HRA = Handelsregisterabtheilung A,
HRB = Handelsregisterabtheilung B,
BöRA = Börsenregister für Waaren,
BöRB = Börsenregister für Werthpapiere,
GR = Güterrechtsregister,
VR = Vereinsregister,
GnR = Genossenschaftsregister,
WR = Wassergenossenschaftsregister,
MR = Musterregister,
SSR = Seeschiffsregister,
BSR = Binnenschiffsregister.

7. **Generalakten** erhalten als Aktenzeichen unter Voranstellung der Abkürzung Gen die Bezeichnung des Registerabschnitts und die laufende Nummer.

8. Das **Aktenzeichen** lautet demgemäß beispielsweise: 5 C 11/01 oder 12 II 618/00 oder Tempelhof Bd I Bl 124 oder HRA 148 oder 1 Gen II 16.

9. Die **Akten** werden **geheftet** und mit fortlaufenden **Blattzahlen** versehen; sie erhalten aus starkem Papier Aktendeckel und Aktenrücken. Der Landgerichtspräsident kann die Verwendung farbiger Aktenrücken zur Unterscheidung der einzelnen Gattungen von Akten anordnen.

10. Der **Oberlandesgerichtspräsident** kann für gewisse Gattungen von Sachen bestimmen, daß die Verwendung förmlicher Aktendeckel und Aktenrücken unterbleibt und daß die Akten nur mit einem aus einem halben Bogen bestehenden Aktenumschlage versehen werden.

11. Jeder Aktenband soll in der Regel nicht mehr als 200 Blätter umfassen.

12. **Auf dem Aktendeckel** oder auf dem Aktenumschlag ist das Amtsgericht zu bezeichnen, die Angelegenheit, auf die sich der Akteninhalt bezieht (Namen der Parteien, des Beschuldigten, des Erblassers u. s. w.), anzugeben und links unten das Aktenzeichen zu vermerken. Haftsachen sind als solche, andere Sachen, die einer besonderen Beschleunigung bedürfen, sind als „Eilsachen" auf dem Aktendeckel (Aktenumschlag) oder auf der vorzulegenden Schrift in einer in die Augen fallenden Weise zu bezeichnen.

13. **Auf dem Aktendeckel** oder auf dem Aktenumschlag ist ferner zu vermerken, bis zu welchem Blatte die Kosten berechnet sind, auf welchen Blättern sich die Kostenrechnungen befinden, wann die Durchsicht zur Prüfung des Kostenansatzes stattgefunden hat, und zutreffendenfalls, daß ein weiterer Aktenband angelegt ist. Der Oberlandesgerichtspräsident kann weitere Vermerke anordnen.

14. Die Akten sind auf Anordnung des Richters **wegzulegen**, wenn die Angelegenheit beendet ist oder für beendet gilt. In Sachen, in denen eine Strafe zu vollstrecken ist, werden die Akten erst weggelegt, wenn die Geldstrafe bezahlt, die Freiheitsstrafe angetreten oder die Strafvollstreckung aussichtslos ist. Die Akten über eine Verfügung von Todeswegen werden weggelegt, sobald der Hinterlegungsschein ertheilt ist.[a]

15. **Auf dem Aktendeckel** sind das Jahr der Weglegung sowie das Jahr, bis zu welchem die Akten aufzubewahren sind, zu vermerken und die von der Vernichtung auszuschließenden Blätter zu bezeichnen.

16. Die weggelegten Akten werden jahrgangsweise nach ihrer Nummernfolge **aufbewahrt**. Besondere Register über weggelegte Akten werden nicht geführt.

17. Blattsammlungen erhalten, soweit nicht Ausnahmen zugelassen sind, statt des Aktendeckels eine Hülle, die mit der Bezeichnung des Gerichts oder am oberen Rande mit einem Abdrucke des Gerichtssiegels zu versehen ist. In der Hülle sind die zu der Angelegenheit gehörigen Schriftstücke, und zwar in der Regel lose, aufzubewahren.

18. Die **Blattsammlung** ist zu **heften**, wenn sie versandt werden muß oder wenn sie mehr als sechs Ordnungsnummern umfaßt.[a] Die Blattsammlungen der Register I, III, IV (§. 44) und die im §. 53 bezeichneten Blattsammlungen sind stets zu heften und mit fortlaufenden Blattzahlen zu versehen.

19. Die **Hülle** erhält das Aktenzeichen und eine kurze Bezeichnung der Rechtsangelegenheit sowie einen Vermerk, bis zu welcher Ordnungsnummer die Kosten berechnet sind.

20. Die **Blattsammlungen** sind jahrgangsweise nach Gattungen getrennt in besonderen Fächern aufzubewahren.

21. Die **Weglegung** der Blattsammlung wird durch einen thunlichst gekürzten Vermerk verfügt, sobald die Angelegenheit erledigt ist oder als erledigt gilt. Die Blattsammlungen, deren Weglegung verfügt ist, sind zunächst in besonderen dazu bestimmten Fächern aufzubewahren.

22. **Ausgeführt** wird die **Weglegung** einheitlich für den ganzen Jahrgang, und zwar am Schlusse des nächstfolgenden Geschäftsjahres. Insoweit einzelne Blattsammlungen bis dahin noch nicht vollständig erledigt sind, kann der Jahrgang unter deren vorläufiger Ausschließung weggelegt werden.

23. Die weggelegten Jahrgänge sind zwischen zwei **Pappdeckeln** verschnürt aufzubewahren. Auf dem oberen Deckel ist der Inhalt und das Jahr, bis zu dem die Aufbewahrung erfolgen soll, zu bezeichnen, z. B. „Mahnsachen 1901, aufzubew. bis 1907".

24. Die von der **Weglegung** vorläufig **ausgeschlossenen** Blattsammlungen verbleiben bis zur vollständigen Erledigung in dem Fache ihres Jahrganges und sind, nachdem ihre Weglegung angeordnet ist, in die Sammlung des betreffenden Jahrganges wieder einzuordnen; der Vermerk über die Aufbewahrungsfrist ist erforderlichenfalls zu ändern.

25. Die **Bezeichnung Akten** begreift im Zweifel auch Blattsammlungen in sich.

1. Blattsammlungen werden z. B. angelegt: a) im Civilprozeßverf. für Sachen der Buchstaben A (§ 23, 3), B (§ 24, 9), G (§ 25, 8), H (§ 25, 11), M (§ 27, 7), b) im Strafproz. für C- u. G-Sachen (§ 38, 14), c) für Registerangelegenheiten (§§ 53, 54), ausgenommen solche, welche das BörsenReg. betreffen (§ 53, 13), d) in der freiw. Gerichtsbark. für Angelegenheiten der Ziffern I—IV (§ 44, 13 u. 14), VII bis X (§ 56, 1), XIV, XV, XVI (§ 58, 1), e) für Rechtshülfesachen im Falle des § 11, 5 Satz 2 u. 3, f) für den Versend. Beleg im Falle des § 18, 9 Satz 2.

2. General-Akt. werden z. B. angelegt für die Mittheilungen der Handelskammern (§ 54, 4), für Stiftungen (§ 59), für die Aufbewahrung von Dienstpapieren der Notare, Gerichtsvollzieher (§ 46), für Vergleiche in Sühnesachen (§ 23, 3), für die Anzeigen auswärtiger Gerichte von der Errichtung einer Verfügung von Todeswegen (§ 47, 8) u. s. w.

5. S. § 52.

6. S. d. Anm. zu § 53.

14. a) Diese Bestimmung ist neu.

15. Ueber die Vernichtung von Akten u. s. w. s. Allg. Verf. v. 6. Sept. 1900 (J.M.Bl. S. 569).

18. a) Ein Foliiren ist dagegen nicht vorgeschrieben.

21. Ein Vermerk über die Weglegung ist nicht — wie auf den Aktendeckel — auf die Hülle zu setzen, s. Abs. 23.

25. Der Anfänger möge die Begriffe „Blattsammlungen" und „Sammelakten" streng von einander sondern, letztere gelten nach Abs. 2 als Generalakten.

§. 8. Ordnungsnummern und Eingangsregister.

1. Die zu denselben Akten gehörigen Schriftstücke erhalten in ununterbrochener Folge eine Nummer, (**Ordnungsnummer**), welche auch dann fortläuft, wenn ein neuer Band angelegt wird oder wenn die Akten unter einem neuen Aktenzeichen fortgesetzt werden.[a]

2. Die Nummern werden in einem Verzeichnisse, das jedem Aktenstücke vorgeheftet wird (**Nummernverzeichniß**), reihenweise unter einander geschrieben, neben der Nummer wird das Datum des Schriftstücks angegeben. Den Ordnungsnummern, welche demselben Geschäftsjahr angehören, wird die Jahreszahl als Ueberschrift vorangestellt.

3. Insoweit Akten eines anderen Gerichts oder einer Staatsanwaltschaft dauernd oder vorübergehend, sei es unter dem bisherigen, sei es unter einem neuen Aktenzeichen, fortzuführen sind, ist die in ihnen begonnene **Nummernfolge fortzusetzen.**

4. Haben mehrere Schriftstücke die gleiche Nummer erhalten, was namentlich dann vorkommen kann, wenn Schriftstücke zu dem Versendungsbelege (§. 18 Abs. 2) eingegangen sind, während die Akten versandt werden, so ist nach der Rückkunft der Akten bei dem nunmehr zu den Akten gelangten Schriftstücke dieser Ordnungsnummer ein **kleiner lateinischer Buchstabe** (z. B. 8[a]) als Unterscheidungszeichen hinzuzufügen. Die während der Versendung der Akten entstandenen Ordnungsnummern sind sammt dem etwaigen Unterscheidungszeichen in dem Nummernverzeichnisse nachzutragen.

5. Die **Ordnungsnummer** bestimmt die Folge der Schriften in den Akten. Das Schriftstück, mit dem eine neue Rechtsangelegenheit anhängig wird, erhält die Nummer 1, das nächstfolgende Schriftstück die Nummer 2 u. s. w. Anlagen eines Schriftstücks erhalten keine Nummer und werden, als zu der betreffenden Nummer gehörig (z. B. „zu Nr. 5"), nur dann bezeichnet, wenn die besondere Wichtigkeit der Schriftstücke, z. B. bei Urkunden in Grundbuchsachen, dies erfordert oder wenn es zur Vermeidung von Irrthümern nothwendig ist.

6. **Ordnungsnummern** mit Unterscheidungszeichen (Abs. 4) erhalten unter sich die aus ihren Ziffern sich ergebende Reihenfolge, werden aber im Nummernverzeichnisse hinter der zuletzt dort verzeichneten Ziffer auch dann eingetragen, wenn diese Ordnung der allgemeinen Ziffernfolge nicht entspricht. Es können also z. B. hinter den Nummern 1 bis 8, 9, 10, 11, 12 die Ordnungsnummern 8ᵃ und 9ᵃ folgen, und hinter diesen kann dann die allgemeine Ziffernfolge mit 13, 14 u. s. w. fortgesetzt werden.

7. Nach der Eintragung in das Verzeichniß wird das **Aktenzeichen** und darunter die **Nummer** auf das Schriftstück gesetzt.

8. Aktenzeichen und Ordnungsnummer zusammen bilden die **Geschäftsnummer**. Diese wird bei allen bei den Akten verbleibenden Schriften (Protokollen, Entwürfen, Reinschriften u. s. w.), unten links auf die erste Seite gesetzt.

9. Im Nummernverzeichniß ist bei der Einheftung des Schriftstücks oder bei seiner Abgabe die entsprechende Nummer **zu durchstreichen**; bei der Abgabe ist neben die Nummer ein Vermerk über den Verbleib sowie das Datum der Abgabe zu setzen.

10. Bilden die zu einer Rechtsangelegenheit gehörigen Schriften eine **Blattsammlung**, so dient die Hülle als Nummernverzeichniß.

11. Den **vorstehenden Vorschriften** unterliegen alle einzelnen Schriftstücke, z. B. Protokolle, von Amtswegen erlassene Verfügungen, Schriften, die eine Wiedervorlegung betreffen oder die zu General- oder Sammelakten gehören. Zustellungs- und Behändigungsurkunden erhalten eine Ordnungsnummer nur dann, wenn darauf eine richterliche Verfügung niedergeschrieben wird.

12. In Civilprozeß- und Strafsachen, in Konkurs- und Aufgebotssachen, bei Zwangsversteigerungen und Zwangsverwaltungen und in ähnlichen Rechtsangelegenheiten können Zustellungs- und Behändigungsurkunden, welche hiernach eine Ordnungsnummer nicht erhalten, zu einem besonderen Hefte vereinigt den Akten beigefügt werden. Auf das Heft ist am Schlusse der ersten Seite des Nummernverzeichnisses durch den in die Augen fallenden Vermerk „Zust H" hinzuweisen.

13. **Schriften**, die in Folge eines Ersuchens um Rechtshülfe bei anderen Behörden erwachsen sind, einschließlich des Uebersendungsschreibens der ersuchten Behörde, erhalten bei dem ersuchenden Gerichte nur eine gemeinschaftliche Ordnungsnummer. Diese Vorschrift findet keine Anwendung, wenn die ersuchte Behörde die bei ihr entstandenen

Schriften bereits unter Fortsetzung der Nummernfolge den Akten einverleibt hat (§. 11 Abs. 5).

14. Den **Generalakten**, mit Ausnahme der Personalakten und der Sammelakten, ist außer dem Nummernverzeichniß eine für jeden Aktenband besonders anzulegende **Inhaltsübersicht** vorzuheften. Diese ist nach den einzelnen in den Akten erörterten Gegenständen getrennt zu führen. Der Landgerichtspräsident kann auch für einzelne Arten von Sammelakten die Führung einer Inhaltsübersicht anordnen und bei einzelnen Arten von Generalakten, die von nur vorübergehender Bedeutung sind, den Wegfall der Inhaltsübersicht verfügen.

15. Schriften, bei denen es zweifelhaft erscheint, ob sie zu angelegten Akten zu nehmen, ob mit ihnen neue Akten anzulegen oder in welches Register sie einzustellen sind,[a] ingleichen solche Schriften, die ohne sachliche Verfügung an eine andere Behörde abzugeben sind,[b] hat der Gerichtsschreiber in das **Eingangsregister** einzutragen und bis zu ihrer Rücksendung, Unterbringung oder Abgabe vorläufig mit der Nummer dieses Registers, erforderlichenfalls unter Voranstellung der Abtheilungsziffer (§. 7 Abs. 3), zu versehen, z. B. 5 E R 12/01. Das Eingangsregister hat folgende Spalten: 1. Jährlich fortlaufende Nummer, 2. Tag des Einganges, 3. Bezeichnung des Absenders, 4. Kurze Angabe des Gegenstandes, 5. Angabe, wo sich die Schrift bis zu ihrer Unterbringung oder Abgabe befindet, 6. a. Weiterer Verbleib der Schrift, b. Akten, zu denen die Schrift genommen ist.

1. a) S. z. B. § 57, 7.

3. z. B. in den von der Strafk. dem Schöffengericht überwiesenen Sachen (§ 75 G.V.G.) und den von einem anderen Gericht übernommenen Vormundschaftssachen vor. Wird die Anklage vom Amtsanwalt bei dem Schöffengericht erhoben, so ist selbstredend mit der Ord.Nr. 1 zu beginnen.

4 u. 6. Diese Vorschriften sind neu.

15. a) Beispiele in §§ 58, 4, 44, 3 Anm.
b) s. Anm. § 38, 7 b).

§. 9. Aktenregister im Allgemeinen.

1. Die Akten werden in Register eingetragen und in der Ordnung aufbewahrt, in welcher sie verzeichnet sind. Die Register werden von jeder Gerichtsschreibereiabtheilung, welcher Angelegenheiten der im Register bezeichneten Art zugewiesen sind, besonders geführt. In den Registern dürfen allgemein verständliche Abkürzungen gebraucht werden.[a]

2. **Umfaßt ein Register verschiedene Angelegenheiten**, so können für diejenigen Abtheilungen der Gerichtsschreiberei, denen einzelne dieser Angelegenheiten nicht zugewiesen sind, **Register** angelegt werden, in denen die nicht zu benutzenden **Spalten fehlen**.

3. Das Register für Generalsachen und das Register der Vormundschaften, Pflegschaften und Beistandschaften sind **fortlaufend**, die übrigen Register sind **jahrgangsweise** [a] zu führen.

4. In den **jahrgangsweise** zu führenden Registern und Kalendern sind die **Ergebnisse**, welche in die Geschäftsübersichten aufgenommen werden, am Schlusse des Jahres **zusammenzustellen**.

5. Eine **Uebertragung** in das neu anzulegende Register, bei welcher stets das bisherige Aktenzeichen beizubehalten ist, findet nur statt, wenn die Akten bei dem Beginne des **vierten Jahres** nach dem Ablaufe des Eintragungsjahrs noch nicht weggelegt sind.

6. Wird in das Register eines früheren Jahrganges ein **Datum** eingeschrieben, so ist das Jahr der Einschreibung beizufügen.

7. Die **Rheinschiffahrtssachen** und die elbzollgerichtlichen Sachen sind in den Registern als solche in der Spalte „Bemerkungen" zu bezeichnen. Sie werden am Jahresschlusse gezählt und in der Geschäftsübersicht zur Darstellung gebracht.

1. a) z. B. A.G. für Amtsgericht, L.G. für Landgericht, Gf. für Gefängniß, Zust. für Zustellung. S. die amtlichen Ausfüllungen in den Formularen 2, 16, 19.

3. a) Dem Erlaß v. 21. Okt. 1861, Müller S. 1012, „wonach das Einbinden von Bureaukontrollen und Listen, die nur für die Dauer eines Jahres bestimmt sind, unterbleiben solle", dürfte es nicht widersprechen, wenn Register, die — wie es bei kleinen Gerichten zu geschehen pflegt — für mehrere Jahrgänge zusammen angelegt sind, eingebunden werden.

5. S. die Ausfüllung bei Formul. 16.

§. 10. Register für Generalakten.

1. Das **Register** für Generalakten wird nach dem Formular Nr. 1 geführt. Es zerfällt nach den Gegenständen in Abschnitte.

2. Als **Generalakten** sind diejenigen Akten anzusehen, welche Angelegenheiten der Justizverwaltung betreffen, und alle übrigen Akten, die nicht in ein besonders vorgeschriebenes Register einzustellen sind (§. 7 Abs. 2).

3. Jede **Gerichtsschreibereiabtheilung** führt ein oder mehrere Generalaktenstücke, welche die allgemeinen Anordnungen über den Geschäftsbetrieb enthalten.

§. 11. Register für Rechtshülfesachen.

1. Die **Schriften**, welche ein an das Amtsgericht gerichtetes Ersuchen anderer Gerichte[a] oder Behörden[b] um Rechtshülfe in Sachen der streitigen oder der freiwilligen Gerichtsbarkeit oder zur Vollstreckung einer Strafe betreffen, werden in das nach dem Formular Nr. 2 zu führende Register für Rechtshülfesachen eingetragen. Diese Eintragung schließt die Eintragung der vorgenommenen Handlung in die für Angelegenheiten derselben Art bei dem ersuchten Gerichte geführten besonderen Register aus.[c] Ersuchen um Uebersendung von Akten sind in das Register für Rechtshülfesachen nicht einzutragen.[d]

2. Die Anträge der **Staatsanwaltschaft** auf Vornahme von richterlichen Untersuchungshandlungen gelten nicht als Ersuchen um Rechtshülfe (§. 38 Abs. 7).

3. Die an die **Gerichtsschreiberei** gerichteten Ersuchen (G.V.G. §. 162) sind gleichfalls in das Rechtshülferegister einzutragen und dadurch kenntlich zu machen, daß in Spalte 3 ein senkrechter Strich eingestellt wird. Ein Ersuchen um Zustellung oder um Vermittelung einer Zwangsvollstreckung, das von einer deutschen Behörde ausgeht, ist auch dann als an die Gerichtsschreiberei gerichtet zu behandeln, wenn es an das Gericht gerichtet ist. Das Ersuchen einer ausländischen Behörde ist in jedem Falle dem Richter vorzulegen.

4. Das **Aktenzeichen** wird gebildet, indem der Registernummer „RH" vorgestellt wird, z. B. 2 RH 10/01.

5. Ist die **ersuchende Behörde** ein Preußisches Gericht oder eine Preußische Staatsanwaltschaft, so ist in den von ihr übersandten Akten die begonnene Nummernfolge auch unter dem RH Aktenzeichen fortzusetzen[a] (§. 8 Abs. 3). Geht das Ersuchen von einer anderen Behörde aus, so bildet das Ersuchungsschreiben mit den weiter entstehenden Schriftstücken eine Blattsammlung.[b] Das Gleiche gilt, wenn eine ersuchende Preußische Justizbehörde ihre Akten nicht mitübersandt hat.[c]

6. Nach **Erledigung** des Ersuchens sind die Akten und die etwa angelegte Blattsammlung der ersuchenden Behörde zu übersenden. Müssen aus besonderen Gründen einzelne Schriftstücke von dem ersuchten Gerichte zurückbehalten werden, so ist aus diesen eine neue Blattsammlung zu bilden; ein solcher Fall ist durch Eintragung des Vermerkes „Bl S" in Spalte „Bemerkungen" ersichtlich zu machen.

7. Insofern für die Rechtshülfehandlung **Kosten** zu erheben sind, sollen diese thunlichst in Spalte 9 berechnet werden. Muß die Kosten-

rechnung besonders aufgestellt werden, so ist dies in Spalte 9 ersichtlich zu machen.

1. a) §§. 157—169 G.V.G.

b) z. B. Reichsversicherungsamt, Patentamt, Kriegsgerichte, Gewerbegerichte u. s. w.

c) z. B. die vor dem ersuchten Gericht erfolgte Anerkennung der Vaterschaft ist nicht noch besonders ins Beurkund.Reg. einzutragen,

d) sondern sind zu den betreff. Akten zu nehmen. Sind solche nicht vorhanden, dann ER Sache!

2. Sie gehören in Sp. G des Strafproz.Reg.'s, auch diejenigen außerpreußischer Staatsanwaltschaften.

5. a) Dieses ist der am häufigsten vorkommende Fall; links unten auf das Ersuchen bezw. auf die Uebersendungsverfügung — wenn die Akten bereits bei einem andern Amtsgericht waren — ist das RH Zeichen nebst der aus dem Nummerverzeichniß ersichtlichen, nächsten Ordnungsnummer, auf die entstehenden Schriften die darauffolgenden Ordnungsnummern zu setzen; nach Abschaffung des Tagebuches bei den Staatsanwaltschaften u. s. w. hat sich dieses neue einheitliche Verfahren durchführen lassen.

b) Ersucht eine „andere Behörde", d. h. die keine Preußische Justizbehörde ist, z. B. ein sächsisches Amtsgericht, ein Gewerbegericht, so kann von einer Fortführung der Ordnungsnummern nicht die Rede sein, ebensowenig dürfen die entstehenden Schriften eingeheftet werden, da bei diesen Behörden andere Vorschriften gelten, als bei den Justizbehörden,

c) was z. B. geschieht, wenn eine Strafkammer eine größere Anzahl von Amtsgerichten um Zeugenvernehmungen ersucht; das Beweisthema wird dann mit dem Ersuchen um Ausfertigung den Amtsgerichten übersandt.

7. S. §. 165, 2 u. 3 G.V.G., §. 106 Pr. G.K.G. u. Anmerk. dazu v. Siméon, Das Preuß. Gerichtskostengesetz.

§. 12. Selbständige Amtshandlungen des Gerichtsschreibers.

1. Die Anträge, deren selbständige Erledigung dem Gerichtsschreiber zusteht, werden von ihm auch dann bearbeitet, wenn sie statt an die Gerichtsschreiberei an das Gericht gerichtet sind.[a] Sind die Anträge unzulässig, so werden sie von dem Gerichtsschreiber abgelehnt und, wenn sie schriftlich gestellt waren, mit einem kurz zu begründenden Ablehnungsvermerke zurückgegeben. Das Gleiche gilt von den Anträgen, deren selbständige Erledigung dem Gerichtsschreiber gemäß den bestehenden gesetzlichen Vorschriften von dem Richter übertragen ist.

2. Mittheilungen, Benachrichtigungen und Ersuchen des Gerichtsschreibers an Behörden oder andere Gerichtsschreibereien sind regelmäßig in Urschrift abzusenden.

3. Der Gerichtsschreiber hat in allen Rechtsangelegenheiten die nach den gesetzlichen Vorschriften von ihm selbständig zu erlassenden Ladungen und Benachrichtigungen (z. B. C.P.O. §§. 377, 402; 362, 386, 733), die von ihm aufgenommenen Verhandlungen sowie die von ihm selbständig erlassenen Schreiben mit der Unterschrift seines Namens unter Angabe seiner Amtseigenschaft zu **vollziehen** (z. B. „Schulz, Gerichtsschreiber des Königlichen Amtsgerichts", oder „Weiß, als Gerichtsschreiber der Strafkammer bei dem Königlichen Amtsgerichte").

4. Die **Vollziehung der Ausfertigungen** [a)] von richterlichen Verfügungen und gerichtlichen Urkunden sowie der Auszüge, Beglaubigungen und Bescheinigungen, die der Gerichtsschreiber nach den gesetzlichen Vorschriften zu ertheilen hat, geschieht in gleicher Weise, jedoch unter Beidrückung des Gerichtssiegels.[b)]

5. Bei **öffentlichen Bekanntmachungen** ist auf eine leicht verständliche, möglichst knappe Fassung Bedacht zu nehmen. Der Bezeichnung des Gerichts ist eine Namensunterschrift nicht hinzuzufügen. Der Entwurf der Bekanntmachung ist vor deren Absendung an die Blätter dem Richter zur Genehmigung vorzulegen.

1. a) z. B. Anträge auf Urtheilsausfertigungen im Civ.Prozeß.

4. a) Nunmehr hat der Gerichtsschr. in Abweichung von den früheren Vorschriften Ausfertigungen gerichtlicher Urkunden und richterlicher Verfügungen auch in Angelegenheiten der freiw. Ger. zu vollziehen; §. 182 Reichsges. freiw. Gerichtsb. u. Art. 18 Pr. G. freiw. G., dazu Kommiss.-Bericht S. 14 — Drucks. Nr. 273, z. B. Erbscheine, Rezesse u. s. w. Gemäß Art. 51 Pr. G. freiw. G. soll die Ausfertigung uur auf richterliche Anordnung ertheilt werden, gemäß Art. 46 a. a. O. soll die Ausfertigung den Ort und den Tag der Ertheilung angeben und die Bezeichnung der Person enthalten, der sie ertheilt wird, ferner soll auf der Urschrift — ähnlich wie es auf dem Urtheil im Civilprozeß geschieht — vermerkt werden, wenn und an welchem Tage Ausfertigungen ertheilt worden sind.

b) Zwischen Siegel und Stempel besteht ein wesentlicher Unterschied. Ein Siegel kann auf verschiedene Art hergestellt werden: entweder man legt über eine angefeuchtete Oblate ein Papierstück, befestigt die Oblate an der Urkunde und preßt das Siegelzeichen mittelst starken Druckes hinein oder man träufelt flüssigen Lack oder flüssiges Wachs auf die Urkunde und preßt in dieses das Siegelzeichen hinein. Das erstere Verfahren verdient, wie auch die Allg. Verf. v. 6. April 1900 (J.M.Bl. S. 297) anerkennt, den Vorzug. Der Schwarz- oder Blaudruckstempel ist der unmittelbar auf das Schriftstück zu setzende Abdruck des Siegelzeichens. Dagegen ist eine sogen. Siegelmarke, wie sie zum Verschlusse von Briefen gebraucht wird, weder als Siegel noch Stempel anzusehen. S. Allg. Verf. v. 24. Jan. 1900 (J.M.Bl. S. 45) u. 6. April 1900 (J.M.Bl. S. 297) §§. 182 1, 183 2, Reichsges. freiw. Gerichtsb., Art. 54 Pr. G. freiw. G.

§. 13. Vollziehung der richterlich angeordneten Schreiben.

1. **Bescheide, Benachrichtigungen und Ladungen**, die an **Privatpersonen** gerichtet und vom Richter angeordnet sind, hat der Gerichtsschreiber unter seiner Unterschrift (§. 12 Abs. 3) zu erlassen, falls sich der Richter nicht im einzelnen Falle die Vollziehung vorbehalten hat.

2. Die **Fassung** des Schriftstücks muß erkennen lassen, daß es sich um eine richterliche Anordnung handelt und welche Behörde die Anordnung getroffen hat (z. B. „Auf Anordnung des Königlichen Amtsgerichts hier werden Sie benachrichtigt, daß ......" oder „Verfügung .... gez. N., Amtsrichter. Ausgefertigt X., Gerichtsschreiber des Königlichen Amtsgerichts").

3. Die vorstehenden Vorschriften finden auch auf die im **Theilungsverfahren** zu erlassenden Ladungen Anwendung (Reichsgesetz über die Angelegenheiten der freiwilligen Gerichtsbarkeit [F.G.G.] §§. 89 ff.).

4. Die Schreiben in Angelegenheiten der **Justizverwaltung** und die an öffentliche Behörden gerichteten Zuschriften sind in der Regel dem Richter zur Vollziehung vorzulegen. Aktenübersendungsschreiben vollzieht stets der Gerichtsschreiber.[a]

5. Die **besonderen Vorschriften**, durch die für gewisse Arten von Schriftstücken der Richter oder der Gerichtsschreiber ausdrücklich als die zur Vollziehung zuständige Person bezeichnet ist, bleiben unberührt.

4. a) Die Versendung darf ohne richterliche Anordnung nicht erfolgen. S. auch Peters Anm. 15.

§. 14. Vorlegung der Schriftstücke.

1. **Eingänge**, die der Gerichtsschreiber nicht selbständig zu erledigen hat, sind unter Beifügung der Akten oder mit einem Vermerke, wo sich die Akten befinden, dem Richter vorzulegen, falls dieser nicht bereits vorher eine Verfügung auf das Schriftstück gesetzt hat. Dies gilt auch von den auf der Gerichtsschreiberei niedergelegten Abschriften der vorbereitenden Schriftsätze.

2. **Eilsachen** erhalten bei der Vorlegung einen farbigen Umschlag.

3. **Zustellungsurkunden** werden nur dann vorgelegt, wenn dies angeordnet ist, wenn der Gerichtsschreiber bei der ihm obliegenden Prüfung findet, daß nicht vorschriftsmäßig zugestellt ist, oder wenn sie zu einer Prüfung Veranlassung geben.

4. Die von einer Partei betriebenen **Ladungen**, mögen sie in einen Schriftsatz aufgenommen oder besonders angefertigt sein, werden sogleich nach ihrem Eingange vorgelegt.

5. Den auf die Urschrift des Schriftsatzes vom Richter gesetzten Vermerk der **Terminsbestimmung** hat der Gerichtsschreiber auf die für das Gericht bestimmte Abschrift zu übertragen. Bei den von ihm vermittelten Zustellungen hat er diesen Vermerk auch auf die für den Gegner bestimmte Abschrift zu übertragen.[a] Die Beglaubigung des Vermerkes erfolgt, wenn der Gerichtsschreiber die Post unmittelbar um Bewirkung der Zustellung ersucht, durch ihn selbst, in den übrigen Fällen durch den Gerichtsvollzieher.

5. a) Diese Vorschrift bestand früher nicht.

§. 15. Ordnung der in der Bearbeitung befindlichen Schriftstücke.

1. Die in der geschäftlichen Behandlung befindlichen Schriften werden in der Gerichtsschreiberei dem Gange des Geschäftsbetriebs entsprechend **gesondert**, z. B.:

a) Schriften, die mit einer Geschäftsnummer zu versehen sind (neue Sachen);
b) Schriften, die dem Richter vorzulegen sind;
c) Schriften, die durch den Gerichtsschreiber, die Kanzlei, den Gerichtsvollzieher u. s. w. zu erledigen sind;
d) erledigte Schriften.

2. Der **Aufsichtsbehörde** und dem **eigenen Ermessen des Gerichtsschreibers** bleibt es überlassen, im Falle des Bedürfnisses eine noch mehr ins Einzelne gehende Sonderung der Schriften eintreten zu lassen, namentlich besondere Fächer zu bestimmen für die Schriften, welche an jeden einzelnen Richter, an andere Abtheilungen des Amtsgerichts, die Gerichtskasse, die Gefängnißverwaltung u. s. w. von dem Gerichtsdiener abgetragen werden sollen.

3. Den in der geschäftlichen Behandlung befindlichen Schriften bleiben die dazu gehörigen **Akten** und **Vorstücke** beigefügt. Wird durch besondere Gründe, namentlich durch den Umfang der Akten und ihrer Beistücke, die Trennung geboten, so werden die Akten so lange, bis die Schrift damit wieder verbunden werden kann, besonders aufbewahrt.

4. Der Gerichtsschreiber hat den **Verbleib** der bei ihm eingegangenen Schriften nachzuweisen und muß sich bei deren Abgabe,

soweit dies durch die vorgeschriebenen Register und das zu ihrer Ergänzung bestimmte Aktenausgabebuch (§. 18) nicht ausreichend geschehen kann, durch Notizen sichern.

5. Die **endgültige Abgabe** von Akten weist das Aktenregister,[a] die endgültige Abgabe einzelner Schriftstücke das Nummernverzeichniß nach.

4. Die Vorlegung der „Terminssachen" wird durch Unterstreichen der fortlaufenden Nummern in den Kalendern kontrolirt.

5. a) Durch einen Vermerk in Spalte „Bemerkungen".

§. 16. Ausführung der Verfügungen und Beschlüsse.

1. Bei der Ausführung der Verfügungen sind die erforderlichen **Entwürfe** zu Urkunden und Schreiben (Expeditionen) unter Beachtung der Allgemeinen Verfügung vom 25. Juni 1897 (Just.-Minist.-Bl. S. 147)[a] anzufertigen. Statt des Entwurfes genügt bei einfachen Schreiben, die ohne besondere Durchsicht der Akten mittelst eines Formulars hergestellt werden können, die Bezeichnung des Formulars.

2. Jedes **Schreiben** enthält die Bezeichnung der Rechtsangelegenheit; Haftsachen, Fristsachen und Eilsachen sind als solche zu bezeichnen. Unter der Adresse ist die nach der richterlichen Verfügung oder nach den gesetzlichen Vorschriften zu beobachtende Art der Erledigung (z. B. Zustellung durch Aufgabe zur Post, Zustellung durch die Post, gewöhnliche Zustellung, Einschreiben) anzugeben, damit demgemäß die Reinschriften und Abschriften gefertigt werden.

3. Dabei ist zu beachten, daß der Gerichtsvollzieher oder der Gerichtsdiener aus den ihm übergebenen Schriftstücken ersehen kann, in **wessen Auftrag** und an **wen zuzustellen** ist, welche Personen etwa bei einer Ersatzzustellung[a] auszuschließen sind (C.P.O. §. 185), ob der Nachweis der Zustellung förmlich oder nach den zugelassenen einfacheren Formen erbracht werden soll, ob eine Behändigung mit oder ohne Beurkundung zu geschehen hat, ob ein Eilfall vorliegt oder nicht.

4. Bei **Zustellungen** an Gefangene und an solche Gemeinschuldner, gegen welche die allgemeine Briefsperre verhängt ist (Konk.-O. §. 121), sowie bei der Zustellung von Pfändungsbeschlüssen an den Drittschuldner, falls der Gläubiger verlangt, daß an den Schuldner die im §. 840 der Civilprozeßordnung bezeichnete Aufforderung gestellt werde, kann eine Zustellung durch die Post nicht erfolgen.

5. Schriftstücke, deren Beförderung unter **„Einschreiben"** erforderlich sein würde, sollen einer Sendung mit Postzustellungsurkunde nicht beigefügt werden.

6. Zustellungen an **Ehegatten** sind an jeden Gatten besonders zu bewirken.

7. Der Gerichtsschreiber hat darauf zu halten, daß die nach den vorstehenden Vorschriften erforderlichen **Vermerke von der Kanzlei** auf die Schriften gesetzt werden. Er hat, insoweit dies nicht geschehen ist, das Versäumte nachzuholen.

8. Bei Hypotheken-, Grundschuld- und Rentenschuldbriefen, Wechseln oder ähnlichen Urkunden ist der Vermerk (Abs. 7) nicht auf die Urkunde selbst, sondern auf das ihr **beizufügende Schreiben** oder auf einen Umschlag zu setzen.

9. Die Art der Zustellung oder Behändigung kann in verständlicher **Abkürzung** bemerkt werden.

10. Wo die örtlichen Verhältnisse es gestatten, ist zur Vereinfachung des Geschäftsganges darauf Bedacht zu nehmen, daß ein **Kanzleibeamter** oder Kanzleigehülfe seinen Platz in der Gerichtsschreiberei oder in ihrer Nähe erhält.

11. **Reinschriften**, Ausfertigungen und Abschriften, die nicht bei den Akten verbleiben, werden links oben mit der Geschäftsnummer und mit dem Vermerke versehen, daß diese Geschäftsnummer bei allen Eingaben anzugeben ist. Auf Hypotheken-, Grundschuld- und Rentenschuldbriefen findet eine Angabe der Geschäftsnummer nicht statt.

12. Bei **Antwortschreiben** an eine Behörde ist deren Geschäftsnummer zu erwähnen.

13. **Berichte** sind in der Reinschrift auf den ersten drei Seiten auf halbgebrochenem Bogen zu schreiben.

14. Die von dem Gerichtsschreiber auf Anordnung des Richters gefertigten **Entwürfe** werden dem Richter zur Genehmigung vorgelegt. Ist die Verfügung, wie es die Regel sein soll, von dem Richter so vollständig angegeben, daß sie ohne Weiteres abgeschrieben werden kann, so hat gleichwohl der Gerichtsschreiber die hier vorgeschriebenen Förmlichkeiten zu prüfen und etwa fehlende Vermerke nachzuholen. [a)]

15. Der Gerichtsschreiber hat die von ihm oder von dem Richter zu vollziehenden oder zu beglaubigenden Reinschriften, Ausfertigungen und Abschriften mit den Entwürfen oder den Urschriften wörtlich zu vergleichen und die dem Richter vorzulegenden Reinschriften **gegenzuzeichnen**, insoweit er sie nicht mitzuvollziehen hat.

16. Auf den Entwürfen und Urschriften ist zu **vermerken**, an welchem Tage die Reinschrift, Ausfertigung oder Abschrift abgesendet ist

und welcher Betrag als Postgebühr für die Sendung in die Kostenrechnung aufzunehmen ist.

1. Die Verf. v. 25. Juni 1897 ist besonders in folgenden Punkten zu beachten:

a) Berichte, Ausfertigungen u. s. w. tragen oben rechts Ort- und Zeitangabe, oben links die Amtsbezeichnung der schreibenden Behörde, darunter die Geschäftsnummer sowie die Zahl der etwaigen Anlagen, nöthigenfalls auch die kurze Bezeichnung der letzteren, unten links (auf der ersten Seite) die Adresse.

b) Der Ergebenheitsstrich kommt in Wegfall.

c) Berichte sind auf den ersten drei Seiten auf halbgebrochenem Bogen zu schreiben.

d) Bei Erwiderungen auf Schreiben anderer Behörden ist unter der Inhaltsangabe auf das veranlassende Schriftstück hinzuweisen (z. B. auf das Schreiben vom . . . . ., den Bericht vom . . . . . No. . . .).

e) Verzeichnisse, Ueberſichten, Nachweisungen sind ohne Begleitberichte einzureichen.

f) Der Name von Einzelbeamten, die eine Behörde vertreten, ist nur anzugeben, wenn es sich um dessen persönliche Angelegenheiten handelt oder wenn besondere Verhältnisse es erfordern; wird der Name nicht angegeben, so fallen auch etwaige persönliche Titel, z. B. Exzellenz u. s. w., fort. Es heißt also z. B. „An den Herrn Justizminister zu Berlin."

g) Von der urschriftlichen Form ist ein möglichst ausgedehnter Gebrauch zu machen.

h) Postkarten können zu einfachen Mittheilungen an Parteien und andere Privatpersonen, dagegen — mit Rücksicht auf die Ordnung in den Akten — nicht im Verkehr mit Behörden benutzt werden.

i) Die Schreibweise der Behörden soll knapp und klar sein, veraltete Kurialien, Fremdwörter sind zu vermeiden, die Schrift von Rothe möge für den Styl als Richtschnur dienen.

3. a) Wird die Person, welcher zugestellt werden soll, in ihrer Wohnung nicht angetroffen, so kann die Zustellung an einen Hausgenossen, an den Hauswirth u. s. w. erfolgen (§§ 181, 183 C.P.O.) (Ersatzzustellung!) Ist dagegen beispielsweise der Hauswirth der Gegner der Partei, an die zugestellt werden soll, so darf die Ersatzzustellung an ihn nicht bewirkt werden.

14. a) wenn z. B. in einem Beschlusse nur der Name der Parteien, nicht aber ihr Stand und ihr Wohnort angegeben sind.

§. 17. Geschäftskalender.

1. Die Termine, soweit sie nicht in die Kalender für mündliche Verhandlungen in bürgerlichen Rechtsstreitigkeiten und für Hauptverhandlungen in Strafsachen[a] einzustellen sind, sowie die angeordneten oder von Amtswegen[b] zu beobachtenden Fristen verzeichnet der Gerichtsschreiber in dem nach dem Formular Nr. 3 zu haltenden Geschäfts-

kalender. Die laufende Nummer beginnt für jeden Tag, zu welchem Eintragungen erfolgen, mit der Ziffer 1.

2. Die **Akten werden**, sofern der Richter nicht andere Anordnungen trifft, am Tage vor dem Terminstage **vorgelegt**. Die Vorlegung ist in dem Kalender erkennbar zu machen.

3. Dem Landgerichtspräsidenten bleibt es überlassen, für einzelne Abtheilungen der Gerichtsschreiberei, sofern die besonderen geschäftlichen Verhältnisse und die persönlichen Eigenschaften der betheiligten Beamten es angezeigt erscheinen lassen, die Anordnung zu treffen, daß bei Fristen bis zu zwei Wochen, mit Ausnahme der Fristen in Haftsachen, die Akten in ein oder mehrere dazu bestimmte Fächer (**Fristfächer**) niedergelegt werden können. Die Frist ist alsdann nicht in den Geschäftskalender einzutragen, es sei denn, daß der Richter ein Anderes bestimmt, oder das Aktenstück behufs eines anderweitigen Gebrauchs vor dem Ablaufe der Frist aus dem Fache entnommen werden muß.

4. Die Anordnung ist zu **widerrufen**, sobald sich Mißstände ergeben oder veränderte Umstände (wie Geschäftsvermehrung, Wechsel der Beamten) ihre Zweckmäßigkeit fraglich machen.

5. **Die Terminsprotokolle** dürfen erst nach gehöriger Vollziehung auf der Gerichtsschreiberei niedergelegt werden, bis dahin verbleiben sie in den Händen des Richters; die Ordnungsnummer des Protokolls wird, sobald dieses mit der Geschäftsnummer versehen ist, in Spalte 7 des Kalenders vermerkt.

6. Für die **Gerichtstage** ist ein besonderer Kalender zu führen.

1. a) Termine in Forstdiebstahlssachen (A-Sachen) werden zunächst in den Geschäftskalender und erst wenn Einspruch erhoben ist, in den Kalender für Hauptverhandlungen eingetragen. S. dagegen § 36, 4.

b) z. B. Volljährigkeitstermine.

§. 18. Aktenausgabebuch und Aktenversendungsbeleg.

1. Akten, die einem Beamten des Gerichts oder auf richterliche Anordnung einem Rechtsanwalt in die Wohnung verabfolgt, einer anderen Gerichtsschreibereiabtheilung, der Staatsanwaltschaft am Sitze des Amtsgerichts, dem Büreau des Amtsanwalts oder der Gerichtskasse zeitweilig überlassen oder anderen Akten vorübergehend als Beistücke beigefügt werden, sind in das **Aktenausgabebuch** einzutragen.

2. Das **Aktenausgabebuch** hat folgende Spalten: 1. Aktenzeichen, 2. letzte Ordnungsnummer, 3. kurze Bezeichnung der Sache, 4. Be-

zeichnung des Empfängers oder der Sache, zu der die Beifügung geschehen ist, 5. Tag a) der Ausgabe, b) der Rückgabe.

3. Die **Eintragung** ist **nicht** erforderlich, wenn der Verbleib der Akten durch die Kalender für mündliche Verhandlungen in bürgerlichen Rechtsstreitigkeiten und für Hauptverhandlungen in Strafsachen, durch einen Versendungsbeleg (Abs. 8) oder durch das im §. 27 der Kanzleiordnung[a)] vorgeschriebene Verzeichniß nachgewiesen wird.

4. Im Falle des Bedürfnisses können für solche Empfänger, an welche Akten regelmäßig ausgegeben werden, **besondere Seiten** bestimmt werden.

5. Die **Ordnungsnummern** neu eingehender Schriftstücke sind, wenn diese dem Empfänger zu den Akten nachgesendet werden, bei dem Ausgabevermerk in Spalte 2 nachzutragen.

6. Erledigte Eintragungen sind zu **unterstreichen**; Seiten, deren sämmtliche Eintragungen erledigt sind, können durchstrichen, Blätter, deren beide Seiten erledigt sind, können durch Abschneiden der oberen Ecke kenntlich gemacht werden.

7. Das Aktenausgabebuch ist spätestens vor dem Schlusse eines jeden Kalendervierteljahrs **durchzusehen**, damit die Rückforderung der seit längerer Zeit ausgegebenen Akten veranlaßt werden kann. Die Durchsicht ist hinter der letzten Eintragung zu vermerken.

8. Werden Akten versendet, so ist ein **Versendungsbeleg** zurückzubehalten. Als solcher dient das mit dem Absendungsvermerke versehene schriftliche Ersuchen um Uebersendung der Akten oder ein anzufertigendes Notizblatt (Retentum), welches die Bezeichnung der Sache und des Empfängers, den Grund der Versendung und die Frist zur Vorlegung ergeben muß.

9. Der **Versendungsbeleg** erhält das Aktenzeichen mit der Ordnungsnummer des veranlassenden Schriftstücks; bis zur Rückkunft der Akten bildet der Versendungsbeleg mit den etwa inzwischen eingehenden Schriften, welche die folgenden Ordnungsnummern erhalten, eine Blattsammlung.

10. Die Versendungsbelege werden in besonderen Mappen oder Fächern **aufbewahrt**, sofern nicht ihre Niederlegung in das Fristfach (§. 17 Abs. 3) erforderlich ist. Sie werden mit den im Abs. 9 bezeichneten Schriftstücken zu den Akten gebracht, sobald diese wieder eingehen.

3. a) Nach § 27 der Kanzlei-Ord. hat der Gerichtsschr. die Geschäftsnummern der in die Kanzlei gegebenen Schriftstücke in ein Verzeichniß einzutragen und sie nach ihrer Erledigung zu durchstreichen.

10. a) Diese Neueinrichtung erweist sich praktischer als die nach der früheren Gesch.Ord. vorgeschrieben gewesene Aufbewahrung der Retenten an der Stelle, die für die Akten bestimmt war.

§. 19. Aushänge.

Die bei den Aushängen an der Gerichtstafel zu beachtenden Fristen sind in den Geschäftskalender einzutragen und in Spalte 14 durch „Aush" zu kennzeichnen. Die Anheftung und die Abnahme ist auf dem Aushange mit Ort, Datum, Namensunterschrift und Amtseigenschaft des Beamten zu bescheinigen. Die Anheftung und die Abnahme der Schriftstücke erfolgt, soweit sie nicht zu den Obliegenheiten des Gerichtsschreibers gehören (§. 20), durch den Gerichtsdiener.

Der Urtheilsaushang (§ 30) ist selbstredend hierunter nicht zu verstehen.

§. 20. Zustellungen.

1. Der Gerichtsschreiber soll bei den von ihm vermittelten Zustellungen nur dann, wenn der Verzug Gefahr bringt, unmittelbar die Post um Bewirkung der Zustellung ersuchen (C.P.O. §. 196); als Gefahr im Verzug ist es stets anzusehen, wenn bis zu dem anberaumten Termine nicht mehr als fünf Tage verbleiben.

2. Insoweit die öffentliche Zustellung durch Anheftung einer Ausfertigung oder einer beglaubigten Abschrift an die Gerichtstafel erfolgt, hat der Gerichtsschreiber die Anheftung und die Abnahme zu besorgen; er kann dabei die Hülfe eines Gerichtsdieners in Anspruch nehmen. Die Beglaubigung der Abschrift geschieht bei den auf Betreiben von Rechtsanwälten zuzustellenden Schriftstücken durch den Anwalt, bei anderen Schriftstücken durch den Gerichtsschreiber.

3. Ist die öffentliche Zustellung auf Gesuch einer Partei vom Gerichte bewilligt, so ist eine Abschrift der Entscheidung auf das anzuheftende Schriftstück zu übertragen und von dem Gerichtsschreiber zu beglaubigen. Außer dem im §. 19 vorgeschriebenen Vermerke hat der Gerichtsscheiber die Anheftung mit Ort, Datum, Siegel und Unterschrift auf einer besonderen Urkunde zu bescheinigen. Die Urkunde ist bei den Akten zu verwahren.

4. **Nach der Abnahme des Schriftstücks** ist die **Urkunde** (Abs. 3 Satz 2) mit diesem zu verbinden und durch eine Bescheinigung des Abnahmetags zu vervollständigen.

5. Die **Schriften**, welche die Stelle der Zustellungsurkunde vertreten (Aushänge und Beweisblätter, einschließlich der im Abs. 3 bezeichneten Urkunde), werden mit den Akten dem Richter vorgelegt. War die öffentliche Zustellung auf Gesuch einer Partei bewilligt, so sind sie dieser auf Verlangen auszuhändigen.

6. Wegen der von **Amtswegen** zu bewirkenden Zustellungen und Behändigungen sind die hierüber erlassenen besonderen Vorschriften maßgebend.

7. Die **Gerichtsschreiberei**, von welcher eine Sendung zur Post geht, ist auf dem Briefumschlag als Absenderin zu bezeichnen.

8. Mit den gemäß §. 182 der Civilprozeßordnung zwecks Zustellung **niedergelegten Schriften** ist nach der Allgemeinen Verfügung vom 29. April 1880 (Just.-Minist.-Bl. S. 95) zu verfahren.

§. 21. Vermittelung von Aufträgen an den Gerichtsvollzieher.

1. Der Gerichtsschreiber ist verpflichtet, in allen bei dem Amtsgericht anhängigen oder durch das übergebene Schriftstück anhängig zu machenden Angelegenheiten, auf welche die Vorschriften der Civilprozeßordnung Anwendung finden oder nach gesetzlicher Vorschrift entsprechend anzuwenden sind, den **Auftrag** der Partei an den Gerichtsvollzieher zur Vornahme der Zustellung zu **vermitteln**.

2. Der **Auftrag** gilt als stillschweigend ertheilt, wenn die Partei nicht erklärt, daß sie selbst die Zustellung veranlassen wolle (C.P.O. §. 168). Handelt es sich um die Zustellung einer Klage, so ist diese Erklärung nur zu berücksichtigen, wenn sie in der Klageschrift oder in dem die Klage enthaltenden Protokoll ausgesprochen ist (C.P.O. §. 497).

3. Hat die Partei verlangt, daß die Zustellung ohne Benutzung der Post durch den **Gerichtsvollzieher selbst** erfolgen solle, so ist dieses Verlangen auf dem Schriftstücke zu vermerken.

4. Der Gerichtsschreiber ist ferner verpflichtet, Aufträge der Parteien, welche die Vornahme von **Zwangsvollstreckungen** durch einen Gerichtsvollzieher des Amtsgerichts bezwecken, zu vermitteln.

5. Vermittelt der Gerichtsschreiber einen Auftrag an den Gerichtsvollzieher auf Grund des **§. 162 des Gerichtsverfassungsgesetzes**, so ist das Ersuchen regelmäßig in Urschrift an den Gerichtsvollzieher ab-

zugeben und der Nachweis der Erledigung diesem zu überlassen, es sei denn, daß das Ersuchen auch Amtshandlungen des Gerichtsschreibers erfordert, wie dies bei der Einziehung von Geldstrafen regelmäßig der Fall sein wird.

6. Das an den Gerichtsschreiber gerichtete Ersuchen, die Zustellung eines Schriftstücks oder die Vornahme einer Zwangsvollstreckung zu vermitteln, schließt, wenn die erforderlichen Ausfertigungen und Abschriften nicht gleichzeitig übergeben werden, den Antrag auf deren Ertheilung in sich. Bei Zustellungen durch den Gerichtsvollzieher bleibt es diesem überlassen, die erforderlichen Abschriften der zuzustellenden Schriftstücke zu fertigen.

§. 22. Geschäftsverkehr mit dem Gerichtsvollzieher.

1. Der Geschäftsverkehr des Gerichtsschreibers mit dem Gerichtsvollzieher soll, soweit es irgend thunlich ist, ein mündlicher sein.

2. Aufträge, die sofort befolgt werden müssen, sendet der Gerichtsschreiber dem Gerichtsvollzieher besonders zu. Die Uebermittelung der anderen Aufträge geschieht durch Niederlegung der Schriftstücke in ein Fach. Für jeden Gerichtsvollzieher ist ein Fach zu bestimmen.

3. Einer Kontrole über den geschäftlichen Verkehr zwischen dem Gerichtsschreiber und dem Gerichtsvollzieher bedarf es in der Regel nicht. Der Landgerichtspräsident kann jedoch eine Kontrole anordnen.

Zweiter Abschnitt.

Civilprozeßsachen.

§. 23. Sühneregister.

1. Für Sühnesachen (C.P.O. §§. 510, 609) wird nach dem Formular Nr. 4 ein Register geführt. Die Termine werden außerdem in dem Geschäftskalender vermerkt.

2. Der Aufnahme eines Protokolls bedarf es nur, wenn ein Vergleich geschlossen wird. Ist ein Protokoll nicht aufgenommen, so wird in Spalte 7 des Geschäftskalenders statt der Ordnungsnummer

ein Hinweis auf den Vermerk in Spalte 6 des Sühneregisters eingetragen.

3. Die Vergleiche werden zu Sammelakten[a] genommen, die übrigen Schriften zu Blattsammlungen vereinigt; die Verwendung einer Hülle kann unterbleiben, wenn die Blattsammlung nicht mehr als ein Schriftstück enthält. Von der zur Terminsbestimmung eingereichten Ladung wird eine Abschrift nicht zurückbehalten.[b]

4. Das Sühneregister ist dem Richter in der Sitzung vorzulegen,[a] die weitere Ausfüllung ist sogleich zu bewirken.

5. In den Spalten 6a und 6b ist das Erscheinen durch einen senkrechten, das Ausbleiben durch einen wagerechten Strich erkennbar zu machen. In den Spalten 6c bis 6f ist, und zwar für Ehesachen und andere Sachen gesondert, durch Eintragung des Buchstaben A ersichtlich zu machen, ob ein Vergleich aufgenommen ist oder nicht, im ersten Falle sind in Spalte 8 Band und Blatt der Sammelakten anzugeben, in denen sich der aufgenommene Vergleich befindet.

6. Eine Eintragung in Spalte 6e ist von dem Richter und von dem Gerichtsschreiber zu unterzeichnen.

7. Ist im Termine Niemand erschienen, so wird eine anderweitige Ladung als neue Sache eingetragen.

8. Soweit nach den bestehenden Vorschriften die Berechnung der Kosten im Register selbst erfolgen darf, ist dazu die Spalte 9 zu benutzen; der Ansatz der Einzelbeträge ist in verständlicher Abkürzung darzustellen.

9. Die Ertheilung einer vollstreckbaren Ausfertigung und die dafür zu berechnenden Kosten werden nur auf dem Protokolle, in welchem der Vergleich niedergeschrieben ist, nicht auch in dem Register vermerkt.

10. Wenn über einen Sühneversuch in Ehesachen eine Bescheinigung ertheilt wird, so ist dies in Spalte 7 durch Eintragung des Datums zu vermerken.

1. Das Sühneverfahren hat sich leider bei dem Publikum nur wenig eingebürgert, trotz seiner Einfachheit und Zweckmäßigkeit.

3. a) Sammelakten gelten als Generalakten, § 7, 2.

b) Dieses entspricht der Natur des Sühneverfahrens als Registerverfahren.

4. a) Weil keine Akten vorhanden sind.

5. Auch wenn Niemand erscheint, von einem Vergleiche also nicht die Rede sein kann, sind gleichwohl die Sp. 6e oder f der leichteren Auszählung halber auszufüllen, s. Peters, Anm. 14 in der II. Aufl.

Wird der Rechtsstreit sofort verhandelt, so werden die Sp. 6a, b, f ausgefüllt und die Sache wird in das Civilproz.Reg. und den Kalender für mündl. Verhandl. eingetragen.

6. Um für das auszustellende Attest der mißlungenen Sühne eine Unterlage zu schaffen, da ein Protokoll nicht vorgeschrieben ist.

§. 24. Mahnregister.

1. Das Mahnregister ist nach dem Formular 5 zu führen.

2. Ueber das Gesuch um Erlassung eines Zahlungsbefehls oder eines Vollstreckungsbefehls sowie über die Erhebung eines Widerspruchs wird ein Protokoll nur aufgenommen, wenn der Gerichtsschreiber das Gesuch für unstatthaft hält und die Partei gleichwohl bei dem Antrage beharrt. Anderenfalls genügt die Entwerfung des Zahlungs- oder Vollstreckungsbefehls oder die Eintragung des Widerspruchs.

3. Die Benachrichtigung[a] des Gläubigers über den Widerspruch und die von dem Schuldner verlangte Bescheinigung über den Widerspruch ertheilt der Gerichtsschreiber.

4. Zu den schriftlich eingehenden Gesuchen, welche der Gerichtsschreiber für unbedenklich erachtet, hat er die entsprechenden Entwürfe dem Richter vorzulegen.

5. Entwürfe zu Zahlungsbefehlen können unter Benutzung des festgestellten Formulars auch von dem Antragsteller mit der Bitte um Vollziehung überreicht werden. Ist der Entwurf ohne Aenderung brauchbar, so ist er binnen vierundzwanzig Stunden dem Richter vorzulegen; ein nicht unmittelbar verwendbarer Entwurf ist als Gesuch um Erlassung eines Zahlungsbefehls zu behandeln.

6. Eine etwa überreichte Berechnung des Anspruchs wird mit dem Zahlungsbefehle verbunden.

7. Von dem Zahlungsbefehl und von dem Vollstreckungsbefehle werden Abschriften nicht zurückbehalten.

8. Zurückweisende Verfügungen werden regelmäßig auf dem Protokoll oder Gesuche niedergeschrieben und in Urschrift ausgereicht, jedoch verbleibt der Beschluß, durch den ein Gesuch um Erlassung des Vollstreckungsbefehls zurückgewiesen wird, mit der Zustellungsurkunde bei den Akten.

9. Mit den zu Mahnsachen gehörigen Schriften werden Blattsammlungen gebildet; die Verwendung einer Hülle kann unterbleiben, wenn die Blattsammlung nicht mehr als zwei Ordnungsnummern[a] umfaßt.

10. Werden zurückgewiesene Mahngesuche vervollständigt angebracht, so sind sie unter einer **neuen Nummer** einzutragen.

11. Die Spalte 3b des Registers giebt den **Werth** des Gegenstandes an, nach welchem die Kosten berechnet werden. Wird ein Gesuch um Erlassung eines Zahlungsbefehls zurückgewiesen, weil der Befehl in Ansehung eines Theiles[a)] des Anspruchs nicht erlassen werden kann, so ist nur der Werth dieses Theiles als Gegenstand anzugeben (C.P.O. §. 691 Abs. 2, D.G.K.G. §. 37).

12. Wird nur wegen eines **Theilbetrags Widerspruch** erhoben oder erheben von mehreren Schuldnern nur einzelne Widerspruch, so ist dies in Spalte 11 des Registers erkennbar zu machen.

13. Wird der **Vollstreckungsbefehl** wegen eines **geringeren Betrags** erlassen, so ist dieser unter Voranstellung der Buchstaben „VB" (Vollstreckungsbefehl) unter der früheren Eintragung in den Spalten 3b und 3c zu vermerken.

14. Die **Eintragungen** in den Spalten 6 und 7 des Registers hat der Gerichtsschreiber zu **unterschreiben**. Sobald eine Eintragung in eine von diesen Spalten erfolgt, ist die andere Spalte mit einem wagerechten Striche auszufüllen.

15. Erfolgt nach dem Widerspruch eine **Ladung** oder wird **Einspruch** erhoben, so ist der Rechtsstreit in das Prozeßregister einzutragen. Das Aktenzeichen, welches die Prozeßakten führen, ist im Falle des Einspruchs in Spalte 8 einzustellen, damit auf Grund der Akten geprüft werden kann, ob nach den §§. 727 ff., 733, 796 der Civilprozeßordnung die Vollstreckungsklausel oder ein zweiter Vollstreckungsbefehl[a)] ertheilt werden darf.

16. Der Vermerk, daß die **Vollstreckungsklausel** oder ein zweiter Vollstreckungsbefehl ertheilt sei, ist in Spalte 11 einzutragen und zu unterschreiben.

17. Soweit die Berechnung der **Kosten** im Register selbst erfolgen darf, ist dazu die Spalte 9 zu benutzen; der Ansatz der Einzelbeträge ist in verständlicher Abkürzung darzustellen.

Allgemeines: Ueber das Mahnverfahren s. §§ 688–703 C.P.O. „Das Mahnverfahren soll unstreitige Ansprüche auf dem kürzesten und wohlfeilsten Wege erledigen", sagt Fidler, Leitf. Nr. 362. I. Voraussetzung für den Erlaß des Zahlungsbefehls ist, daß eine bestimmte Geldsumme oder die Leistung einer bestimmten Quantität anderer vertretbarer Sachen oder Werthpapiere gefordert wird. Vertretbare Sachen sind solche bewegliche Sachen, die im Verkehr nach Zahl, Maaß oder Gewicht bezeichnet zu werden pflegen, z. B. Geld, Kohlen, Getreide (§ 91 B.G.B.). II. Zuständig ist das Gericht, in dessen Bezirk der

Schuldner seinen Wohnsitz oder Aufenthaltsort (§ 20 C.P.O.) hat oder der dingliche Gerichtsstand begründet ist (§ 24 C.P.O.). III. Zum Antrage auf Erlaß des Zahlungsbefehls sowie zur Erhebung des Widerspruchs bedarf es keiner Vollmacht, wohl aber zum Antrage auf Erlaß des Vollstreckungsbefehls. IV. Die Frist zur Erhebung des Widerspruchs und zum Erlaß des Vollstreckungsbefehls beträgt jetzt eine Woche. V. Gegen den Vollstreckungsbefehl findet als Rechtsmittel der Einspruch statt. VI. Sechs Monate, welche Frist nach Ablauf einer Woche seit der Zustellung beginnt, verliert der Zahlungsbefehl seine Kraft; innerhalb dieser Zeit muß die Erlassung des Vollstreckungsbefehls nachgesucht werden.

3. a) Eine Zustellung ist nicht nothwendig.

9. a) Eine wesentliche Vereinfachung gegenüber der früheren Gesch.Ord.

11. a) d. h. der Antrag wird überhaupt zurückgewiesen.

15. a) wenn der Vollstreckungsbefehl verloren gegangen ist.

§. 25. Civilprozeßregister.

1. In das nach dem Formular Nr. 6 zu führende Civilprozeßregister gehören, mit Ausnahme der Sühnesachen und der Mahnsachen, alle Civilprozeßangelegenheiten, für welche nicht das Vollstreckungsgericht[a] als solches zuständig ist, insbesondere auch diejenigen Arten des Aufgebotsverfahrens, auf welche die Vorschriften der Civilprozeßordnung nur auf Grund besonderer Gesetzesbestimmungen Anwendung finden, mit Einschluß des zur Zuständigkeit des Vollstreckungsgerichts gehörenden nach den §§. 138, 140 des Reichsgesetzes über die Zwangsversteigerung und die Zwangsverwaltung stattfindenden Aufgebotsverfahrens.

2. Die Eintragung in das Register sowie die Anlegung der Akten geschieht beim Eingange der Klage oder des auf die Einleitung des Verfahrens gerichteten Antrags.

3. In Spalte 1 wird der Tag des Einganges derjenigen Schrift vermerkt, mit welcher die Akten beginnen. Wird der Rechtsstreit ohne vorgängige Terminsbestimmung verhandelt (C.P.O. §§. 500, 510 Abs. 2), so wird der Tag des Protokolls eingetragen.

4. Ging ein Sühneverfahren oder ein Mahnverfahren voran, so ist der Tag einzustellen, an dem die zur Terminsbestimmung vorzulegende Schrift eingegangen ist.

5. Die Blattsammlungen, welche in einem der Hauptsache vorangehenden Sühneverfahren, Mahnverfahren, Verfahren über Bewilligung des Armenrechts oder zur Sicherung des Beweises entstanden sind, werden mit den Akten über die Hauptsache vereinigt; die Abgabe der Blattsammlung wird in Spalte „Bemerkungen" des entsprechenden Registers erkennbar gemacht.

6. Die in **Spalte** 5 **einzutragenden Nummern beginnen** für jede Unterspalte mit der Ziffer 1. **Urkundenprozesse,**[a)] **die nicht Wechselsachen sind, werden durch Unterstreichen der in Spalte** 5b **eingestellten Nummer erkennbar gemacht. Ebenso ist die in Spalte** 5c **eingestellte Nummer zu unterstreichen, wenn die Entmündigung**[b)] **beschlossen ist.**

7. **Meß- und Marktsachen**[a)] sind als solche in Spalte 8 zu bezeichnen. Das Gleiche gilt von den Angelegenheiten, für welche das Gericht als Rheinschiffahrtsgericht oder als Elbzollgericht[b)] zuständig ist (§. 9 Abs. 7).

8. Ueber **Arreste** und einstweilige Verfügungen (G) werden Blattsammlungen angelegt, wenn nicht bereits über die Hauptsache Akten bei dem Gericht angelegt sind oder gleichzeitig angelegt werden. Sind die Schriftstücke zu den Hauptakten genommen, so ist deren Aktenzeichen in Spalte 8 anzugeben.

9. Als **Anträge außerhalb** eines anhängigen Rechtsstreits (H) sind nur solche Anträge in Sachen der streitigen Gerichtsbarkeit anzusehen, die nicht zur Zuständigkeit des Vollstreckungsgerichts gehören, z. B. Armenrechtsgesuche (C.P.O. §. 118), Anträge auf Sicherung des Beweises (C.P.O. §. 486), Anträge auf Vornahme einer richterlichen Handlung im Laufe eines schiedsgerichtlichen Verfahrens (C.P.O. §. 1036), Anträge auf Einstellung der Zwangsvollstreckung außerhalb einer anhängigen Sache (C.P.O. §. 769 Abs. 1, §. 771 Abs. 3), falls sie an das Prozeßgericht gerichtet werden sollten.

10. Die **Eintragung** von Armenrechtsgesuchen und von anderen Anträgen[a)] **unterbleibt**, wenn über die Hauptsache Akten bei dem Gerichte bereits angelegt sind oder gleichzeitig angelegt werden. Dies gilt auch dann, wenn nach der rechtskräftigen Entscheidung der Hauptsache Anträge zu dieser bei dem Prozeßgerichte gestellt werden.

11. Mit den **H-Sachen** sind Blattsammlungen zu bilden.

12. Die Akten sind, auch wenn die Beendigung des Rechtsstreits aus den Akten nicht ersichtlich ist, **wegzulegen**, sofern seit Jahresfrist keine auf die Fortsetzung des Rechtsstreits gerichteten Parteianträge eingegangen sind. Ist die im §. 94 Nr. 1 des Deutschen Gerichtskostengesetzes bestimmte Frist verlängert, so sollen die Akten erst nach dem Ablaufe dieser Frist weggelegt werden. Eine Berichtigung des Vermerkes über die Weglegung findet nicht statt.

13. Wird das Verfahren **aufgenommen** oder fortgesetzt, nachdem die Akten weggelegt sind, so ist die Rechtsangelegenheit wie eine neue

Sache einzutragen. Bei der früheren und bei der neuen Registernummer ist in Spalte 8 auf die andere Eintragung hinzuweisen.

14. Für die gewöhnlichen Prozesse und für die Urkunden- und Wechselprozesse wird ein fünf bis zehn Jahrgänge des Prozeßregisters umfassendes **alphabetisches Namenverzeichniß**, und zwar nach den Namen der Beklagten, geführt; in zwei besonderen Spalten sind die Namen der Kläger und das Aktenzeichen zu bemerken. Sind mehrere Kläger oder mehrere Beklagte an derselben Sache betheiligt, so sollen sämmtliche Namen in dem Verzeichnisse bemerkt werden.

15. Zu den **Prozeßakten** gehören die Anträge auf Ertheilung des Zeugnisses der Rechtskraft [a]) oder einer vollstreckbaren Ausfertigung [b]) sowie alle das Zwangsvollstreckungsverfahren betreffenden Anträge, für welche das Amtsgericht als Prozeßgericht zuständig ist.

16. Ordnet das Gericht die Verhandlung mehrerer in einer Klage oder mittelst Klage und Widerklage erhobener Ansprüche in **getrennten Prozessen** an (C.P.O. §. 145), so behält einer der Prozesse die bisherige Registernummer, die übrigen werden unter neuen Nummern eingetragen.

17. Unter einer **besonderen Nummer** sind ferner einzutragen:

a) das Verfahren über die dem Beklagten im **Urkundenprozesse** vorbehaltenen **Rechte** (C.P.O. §. 600);

b) jeder **Aufgebotsantrag** auch im Falle der Verbindung (C.P.O. §. 959);

c) Gesuche um Erlassung von **Arrestbefehlen** und einstweiligen Verfügungen.

18. Wird ein **Urkundenprozeß** oder ein Wechselprozeß, ohne daß der im Abs. 17 unter a erwähnte Fall vorliegt, in einen gewöhnlichen Prozeß **umgeleitet**, so behält er sein bisheriges Aktenzeichen; die erneute Eintragung ist unzulässig.

19. Wenn das Gericht über die von dem Beklagten geltend gemachte **Aufrechnung** die getrennte Verhandlung angeordnet und demnächst unter Vorbehalt der Entscheidung über die Aufrechnung entschieden hat, so findet für das weitere Verfahren (C.P.O. §. 302) eine erneute Eintragung nicht statt.

20. Die über **Entmündigungen** in die Geschäftsübersichten einzustellenden Nachrichten sind in Spalte 8 zu bemerken. Dabei ist durch den Vermerk „G", „V" oder „T" erkennbar zu machen, ob die Entmündigung wegen Geisteskrankheit oder Geistesschwäche, wegen Verschwendung oder wegen Trunksucht beschlossen ist. Die gleichen Zeichen

sind zu verwenden, jedoch in **Klammern zu setzen**, wenn in der Sache die **Wiederaufhebung** einer Entmündigung beschlossen ist, die wegen Geisteskrankheit oder Geistesschwäche, wegen Verschwendung oder wegen Trunksucht ausgesprochen war.

21. Wird ein eingeleitetes **Entmündigungsverfahren** oder ein Verfahren behufs Wiederaufhebung einer Entmündigung gemäß den §§. 650, 676 der Civilprozeßordnung von einem anderen Amtsgericht **übernommen**,[a)] so ist die Nummer in Spalte 5c zu durchstreichen und bei der Zählung nicht zu berücksichtigen. Bei dem Amtsgerichte, dem die Verhandlung und Entscheidung überwiesen ist, wird das Verfahren als neue Sache eingetragen.

22. Die in Entmündigungssachen erforderlichen **Mittheilungen** an die **Staatsanwaltschaft** sind durch Vorlegung der Akten zu bewirken, es sei denn, daß die Staatsanwaltschaft sich nicht am Sitze des Amtsgerichts befindet und die Akten nicht ohne Verzögerung der Sache übersandt werden könnten.

23. **Urkunden** und andere Beweisstücke, welche, ohne zu den Gerichtsakten zu gehören, auf der Gerichtsschreiberei niedergelegt werden (C.P.O. §§. 134, 142), sind besonders zu verwahren und mit der Geschäftsnummer der auf die Niederlegung bezüglichen Schrift zu versehen. Auf dieser ist die Verwahrung und demnächst die erfolgte Rückgabe zu bemerken.

24. Wird die **Urkunde** oder das Beweisstück ohne eine Begleitschrift übergeben, so ist an deren Stelle ein Vermerk zu fertigen, aus dem sich ergiebt, durch wen und zu welchem Zwecke die Niederlegung bewirkt ist.

25. **Urkunden**, auf die im Thatbestande des **Urtheils Bezug** genommen ist, darf der Gerichtsschreiber nur zurücksenden, wenn binnen drei Monaten seit dem Aushange des Verzeichnisses, in welches das Urtheil eingetragen ist (§. 30), ein Rechtsmittel nicht eingelegt ist. Früher eingehende Anträge der Parteien auf Rückgabe solcher Urkunden sind dem Richter zur Entscheidung vorzulegen.

1. a) Vollstreckungsgericht ist das Amtsgericht, § 764 C.P.O.

5. Die Blattsammlungen werden den Akten vorgeheftet, Peters Anm. 4 zu § 8.

6. a) Da sie in der Hauptübersicht besonders gezählt werden, Tab. II a, 5 u. 6.
b) Tab. III, 16—18. Diese Vorschrift bezieht sich aber nicht auf die Wiederaufhebung der Entmündigung. Vgl. Abs. 20 Satz 3.

7. a) § 30 C.P.O.; in der Hauptübers. gelangen sie nicht zur Darstellung.
b) § 14, 1 G.V.G. S. Tab. III, 10.

8. a) Ist die Hauptsache nicht anhängig, so wird eine Blattsamml. gebildet; wird die Hauptsache später anhängig, so kann die Blattsamml. zu dieser abgegeben werden, d. h. auf richterliche Anordnung; die in Abs. 5 benannten Blattsammlungen dagegen werden ohne besondere Anordnung mit den Akten vereinigt. b) Geht ein Arrestantrag zugleich mit der Klage oder im Laufe des Prozesses ein, so wird er unter G besonders eingetragen (Abs. 17c) und dann wie jedes andere Schriftstück den Prozeßakten einverleibt; in Spalte 8 des Civ.Proz.Reg.'s ist das Aktenzeichen des Prozesses zu vermerken.

10. a) also aller H-Sachen, während G-Sachen, wie vorstehend ausgeführt, stets noch besonders einzutragen sind.

15. a) §§ 705, 706 C.P.O.
b) §§ 724 ff. C.P.O.

18. § 596 C.P.O.

20. S. §§ 645–687 C.P.O., Tab. III, 11—21. Es werden in der Hauptübers. unter 11—15 sämmtliche Entmündigungssachen, unter 16—21 diejenigen beendeten gezählt, in denen die Entmündigung bezw. die Wiederaufhebung der Entmündigung beschlossen ist. Um sie zu unterscheiden, wird die beschlossene Entmündigung im Register unterstrichen (Abs. 6) und der Grund der Entmündigung durch die Buchstaben „G", „V" oder „T" angegeben, während bei der beschlossenen Wiederaufhebung lediglich die in Klammern gesetzten oben bezeichneten Buchstaben anzuwenden sind.

Die Wiederaufhebung d. E. ist ein besonderes Verfahren; zweifelhaft könnte es sein, ob es in neu anzulegenden Akten zu behandeln ist; der Vordruck der im Kammergerichtsbezirk eingeführten Aktendeckel spricht dagegen.

Die Wiederaufhebung d. E., welche beispielsweise eingeleitet wird, wenn sich der Zustand des Entmündigten gebessert hat, ist nicht zu verwechseln mit der Anfechtung des Entmündigungsbeschlusses, welche im Wege der Klage vor dem Landgericht geltend zu machen ist (§ 664 C.P.O.); da das Landgericht gemäß § 674 C.P.O. dem Amtsgericht von dem ergangenen Endurtheil Mittheilung zu machen hat, so wird im Falle der Aufhebung des amtsgerichtlichen Beschlusses ein entsprechender Vermerk in Sp. 8 des Civ.Proz.Reg.'s zu machen sein, der aber für die Hauptübers. ohne jede Bedeutung ist.

21. a) z. B. wenn der zu Entmündigende in einen anderen Gerichtsbezirk verzieht.

22. Dem Staatsanwalt ist von der Einleitung des Verfahrens, von allen Terminen, von der Ueberweisung an ein anderes Gericht Mittheilung zu machen (§ 652 C.P.O.), ausgenommen, wenn es sich um Entmündigungen wegen Verschwendung und Trunksucht handelt (§ 680, 4 C.P.O.).

§. 26. Nebenregister zum Civilprozeßregister.

1. Dem Civilprozeßregister ist ein **Nebenregister**[a] über die **Dauer der Prozesse** nach dem Formular Nr. 7 beizulegen. Das Nebenregister zerfällt in zwei Abtheilungen:

A. **Dauer bis zum ersten Termine für die mündliche Verhandlung und**

B. **Dauer bis zur Verkündung des Endurtheils.**

2. Für die **Benutzung des Nebenregisters** wird Folgendes bestimmt:

I. Sowohl in der **Abtheilung A** als in der **Abtheilung B** werden nur diejenigen Sachen gezählt, welche in die **Geschäftsübersichten** zu übernehmen sind.

II. In **Abtheilung A** ist für jede Sache ein senkrechter Strich in die betreffende Spalte einzustellen. Die Zahl der Striche auf einer Zeile muß mit der Zahl der auf einer Seite in das Prozeßregister eingetragenen Sachen, soweit sie der Zählung unterworfen sind, übereinstimmen. Am Schlusse jeder Seite werden die Striche zusammengerechnet.

III. In **Abtheilung B** werden nach jeder Sitzung hinsichtlich derjenigen nach Nr. I der Auszählung unterliegenden Sachen, in welchen ein die Sache für die Instanz erledigendes kontradiktorisches Endurtheil ergangen ist, die beiden ersten Spalten des Formulars ausgefüllt. Später wird unter Zuhülfenahme des Prozeßregisters in die zutreffende Spalte ein Strich eingestellt. Auf jeder Zeile kann nur ein Strich stehen. Am Schlusse jeder Seite werden die Striche zusammengerechnet.

a) Dieses Register dient lediglich den Zwecken der Hauptübers. Die Ergebnisse der Seite A sind in Tab. IV, 1—10, der Seite B in IV, 11—15 einzustellen, vgl. auch Nr. 23—25 d. Bemerk. zur Hauptübers. b) Urkundenprozesse, die nicht Wechselprozesse sind, gehören unter „Sonstige Prozesse". c) Die Gesammtzahl der Urtheile ist in Tab. IV, 11—15 einzustellen, es kommen nur C- und D-Sachen, nicht etwa auch G-Sachen in Betracht. Die Gesammtsummen der Urtheile der Spalten 11—15 und der Tab. IIa, 18 und IIb, 2 müssen übereinstimmen. Urtheile in G-Sachen werden aus dem Kal. f. mündl. Verhandl. ermittelt. d) Das bedingte Endurtheil ist wie jedes andere kontradiktorische Endurtheil zu behandeln.

§. 27. Vollstreckungsregister.

1. In das nach dem Formular Nr. 8 zu führende **Vollstreckungsregister** sind die zur Zuständigkeit des Vollstreckungsgerichts [a] gehörenden Anordnungen einzutragen, mögen sie in einer richterlichen Vollstreckungsthätigkeit, in der Mitwirkung bei einer Vollstreckungshandlung oder in einer sonstigen die Zwangsvollstreckung betreffenden Entscheidung bestehen. [b]

2. Anträge auf Eintragung einer **Sicherungshypothek** im Wege der Zwangsvollstreckung (C.P.O. §. 867) sind als Anträge in Grundbuchsachen zu behandeln und daher in das Vollstreckungsregister nicht einzutragen.

3. Unter K und L sind auch solche **Zwangsversteigerungen** und **Zwangsverwaltungen** von Grundstücken und von Berechtigungen, für welche die sich auf Grundstücke beziehenden Vorschriften gelten, und solche Zwangsversteigerungen von Schiffen einzutragen, die nicht im Wege der Zwangsvollstreckung wegen Geldforderungen beantragt sind. Die Wiederversteigerung eines Grundstücks ist als neue Sache zu behandeln.

4. Auf Grund des **Beitritts eines Gläubigers** zu einer anhängigen Zwangsversteigerung oder Zwangsverwaltung erfolgt keine neue Eintragung in das Register. Die beitretenden Gläubiger sind in Spalte 2a nachzutragen. Nimmt ein Gläubiger die Beitrittserklärung oder nimmt der Antragsteller den Antrag zurück, während das Verfahren auf Grund einer Beitrittserklärung fortzusetzen ist, so ist der Name des bezeichneten Gläubigers oder des Antragstellers einzuklammern.

5. Die **Zwangsliquidation** einer Bahneinheit (§§. 48 ff. des Gesetzes vom 19. August 1895 — Gesetz-Samml. S. 499) ist unter L einzutragen, jedoch in Spalte 7 besonders erkennbar zu machen.

6. Bei der **Vollziehung der Arreste** und der einstweiligen Verfügungen sind in das Vollstreckungsregister diejenigen Anträge nicht aufzunehmen, für deren Erledigung das Arrestgericht zuständig ist.

7. Mit den M-Sachen sind **Blattsammlungen**, mit den übrigen Sachen sind Akten anzulegen.

8. Bei dem Vollstreckungsgericht ist ein Verzeichniß über die im §. 915 der Civilprozeßordnung und im §. 107 der Konkursordnung bezeichneten Personen (**Schuldnerverzeichniß**) zu führen. Das Schuldnerverzeichniß zerfällt in Jahreshefte und hat folgende Spalten: 1. Laufende Nummer, 2. Zu- und Vorname, Beruf und Wohnort des Schuldners, 3. Aktenzeichen, 4. Angabe des Tages, an dem a) der Offenbarungseid geleistet, b) zu dessen Erzwingung die Haft angeordnet, c) der Schuldner nach 6monatiger Haftdauer entlassen, d) der Antrag auf Konkurseröffnung wegen mangelnder Masse abgewiesen ist.

9. Zu dem Verzeichnisse (Abs. 8) ist im Falle des Bedürfnisses ein **alphabetisches Namenregister** zu führen; dieses ist nicht öffentlich.

10. Nach dem Ablaufe der im §. 915 der Civilprozeßordnung und im §. 107 der Konkursordnung bestimmten **fünfjährigen Frist**

sind die Namen der Schuldner in Spalte 2 des Schuldnerverzeichnisses durch Schwärzung unkenntlich zu machen; ist dies hinsichtlich aller in einem Jahreshefte befindlichen Eintragungen geschehen, so ist das Heft zu vernichten.

11. Sind bei der Bearbeitung der Vollstreckungs- und Konkurssachen mehrere Abtheilungen der Gerichtsschreiberei betheiligt, so ist für alle nur ein gemeinschaftliches Schuldnerverzeichniß zu führen. Der Gerichtsschreiber hat alsdann jedes Aktenstück, das zu einer Eintragung Veranlassung giebt, auch ohne besondere Verfügung dem mit der Führung des Verzeichnisses beauftragten Beamten vorzulegen. Dieser hat die erforderlichen Eintragungen und Löschungen selbständig zu bewirken.

12. Ist der im §. 107 der Konkursordnung bezeichnete Beschluß von einem anderen Amtsgericht erlassen, so wird die Eintragung auf Grund der von dem Gerichtsschreiber des Konkursgerichts übersandten beglaubigten Abschrift des Beschlusses (§. 32 Abs. 1) bewirkt; diese Abschriften werden zu Sammelakten genommen.

13. Die Eintragung des Schuldners ist auf dem veranlassenden Schriftstücke (Protokoll, Beschluß, Abschrift des Beschlusses u. s. w.) zu vermerken.

14. Anordnungen, welche sich auf die Uebersichten über die Ergebnisse der Zwangsversteigerungen beziehen, bleiben unberührt.

1. a) § 764 C.P.O.

b) Es gehören z. B. dahin (unter M) Anträge auf Pfändung und Ueberweisung von Geldforderungen (§§ 828, 829 C.P.O.), auf Einstellung der Zwangsvollstreckung (§ 769 C.P.O.), Anträge, Einwendungen und Erinnerungen, welche die Art und Weise der Zwangsvollstreckung oder das bei derselben vom Gerichtsvollzieher beobachtete Verfahren betreffen (§ 766, 1 C.P.O.), die Weigerung des Gerichtsvollziehers, einen Vollstreckungsauftrag zu übernehmen und Erinnerungen gegen den Kostenansatz des Gerichtsvollziehers (§ 766, 2 C.P.O.), Anträge auf Leistung des Offenbarungseides (§§ 899, 807 C.P.O.).

2. Die Eintragung einer Sicherungshypothek, die Zwangsversteigerung und die Zwangsverwaltung sind die drei Arten der Zwangsvollstreckung in unbewegliches Vermögen; auf Grund von Vollstreckungsbefehlen dürfen Sicherungshypotheken nicht eingetragen werden. Der Betrag der Sicherungshypothek muß 300 M. übersteigen (§ 866, 3 C.P.O.).

6. Die Anordnung des Arrestes ist von dessen Vollziehung zu unterscheiden (§ 930 C.P.O.), die Vollziehung erfolgt mittelst Pfändung durch den Gerichtsvollzieher (§ 930, 1 C.P.O.), im Uebrigen vgl. Peters Anm. 3 B I c zu § 27.

§. 28. Kalender für mündliche Verhandlungen.

1. Ueber die Termine zur mündlichen Verhandlung mit Ausnahme der Termine in Aufgebotssachen, Entmündigungssachen sowie in den im §. 27 bezeichneten Zwangsvollstreckungssachen wird ein Kalender nach dem Formular Nr. 9 geführt.[a)] Für jede Civilprozeßabtheilung wird ein besonderer Kalender gehalten.

2. Dem Verzeichnisse der Termine ist der Terminstag als Ueberschrift voranzustellen. Die laufende Nummer beginnt in Spalte 1 für jeden Tag mit der Ziffer 1, während in Spalte 6 die kontradiktorischen[a)] Verhandlungen durch das ganze Jahr hindurch gezählt werden.

3. Sogleich nach der Terminsbestimmung sind die Spalten 1, 2, 4, 5 auszufüllen.[a)] Ein nur zur Verkündung einer Entscheidung bestimmter Termin ist in Spalte 1 durch „V T" (Verkündungstermin) erkennbar zu machen.[b)] Die Namen der Bevollmächtigten sind einzutragen, sobald sie bekannt werden.

4. Der Kalender ist dem Richter in der Sitzung vorzulegen. Die weitere Ausfüllung ist nach den Ergebnissen der mündlichen Verhandlungen sogleich zu bewirken.

5. Von den Spalten 7a bis 7f werden alle diejenigen ausgefüllt, unter welche das Ergebniß der mündlichen Verhandlung in Ansehung eines Anspruchs, eines Theiles eines Anspruchs, eines Angriffs- oder eines Vertheidigungsmittels gehört.

6. Die Ausfüllung der Spalten 7 und 8 wird dadurch bewirkt, daß der zu dem Aktenzeichen gehörige Buchstabe eingetragen wird. Der Gerichtsschreiber hat diese Spalten nach dem Eingange der Protokolle auszufüllen, falls der Richter es unterlassen haben sollte. Er hat dabei die Vorschriften der Abs. 7 bis 16 zu beachten.

7. Endurtheile, durch welche die Sache nicht für die Instanz erledigt wird, sind durch Unterstreichen des in Spalte 7b eingestellten Buchstabens erkennbar zu machen.

8. Als die Sache erledigend sind nur diejenigen Urtheile anzusehen, nach deren Erlaß ein weiterer Prozeßstoff, über den ein Urtheil ergehen könnte, in der Instanz nicht übrig bleibt. Beim Erlaß eines Theilurtheils oder eines Zwischenurtheils gilt als die Sache erledigend erst dasjenige nachfolgende Endurtheil, welches über den von jenem Urtheile nicht berührten Anspruch oder Theil eines Anspruchs oder über die von ihm nicht betroffene Klage oder Widerklage oder über die durch

die frühere Entscheidung noch nicht erledigten Angriffs- oder Vertheidigungsmittel entscheidet.

9. **Das Urtheil, durch** das eine prozeßhindernde Einrede verworfen wird (C.P.O. §. 275 Abs. 2), das Urtheil, das vorbehaltlich der Entscheidung über die Aufrechnung ergeht (C.P.O. §. 302), und das den Anspruch für begründet erklärende Urtheil (C.P.O. §. 304 Abs. 2) werden nicht als die Sache erledigend betrachtet.

10. Das Urtheil im **Urkundenprozesse**, welches dem Beklagten die Ausführung seiner Rechte vorbehält (C.P.O. §. 599), gilt als die Sache erledigend.

11. **Bedingte Endurtheile** gelten, wenn sie den Prozeßstoff für die Instanz erschöpfen, im Sinne der Geschäftsübersicht als die Sache erledigend ohne Rücksicht darauf, ob demnächst ein unbedingtes Endurtheil (Läuterungsurtheil) ergeht.

12. **Zwischenurtheile**, die in Betreff der Rechtsmittel als Endurtheile angesehen werden (C.P.O. §§. 275, 304), sind gleichfalls in Spalte 7 b einzutragen.

13. Als **anderweitige Ergebnisse** (Spalte 7f) sind auch die Fälle anzusehen, in denen eine Prozeßsache mit einer anderen verbunden wird.

14. Als **Erledigung des Termins** ohne mündliche Verhandlung (Spalte 8) ist es anzusehen, wenn im Termine niemand erscheint oder wenn eine oder beide Parteien erscheinen, aber entweder keine Anträge stellen oder lediglich einen neuen Termin erbitten, ohne daß es zu einer Verhandlung über das Vertagungsgesuch kommt. Wird der Termin von Amtswegen vertagt, so ist der in Spalte 8 eingestellte Buchstabe zu unterstreichen.

15. Wird ein **Termin aufgehoben**, so ist dies in Spalte 11 kurz zu vermerken; die Spalte 8 bleibt unbenutzt.

16. Wird in dem Verhandlungstermin[a)] ein neuer lediglich zur **Verkündung der Entscheidung** bestimmter Termin anberaumt, so wird das Ergebniß erst nach Maßgabe der in dem neuen Termine verkündeten Entscheidung eingetragen. Bei dem lediglich zum Zwecke der Verkündung anberaumten Termine findet dagegen eine Ausfüllung der Spalten 7a bis 7f nicht statt, wenn nicht eine Wiedereröffnung der Verhandlung angeordnet worden ist.

17. Ein **Verzeichniß der Termine** ist mit den Akten dem Richter vorzulegen. Eine Abschrift des Verzeichnisses ist vor dem Beginne der mündlichen Verhandlung an dem Eingange zu dem Sitzungszimmer auszuhängen.

18. Wird der Rechtsstreit ohne vorgängige Terminsbestimmung mündlich verhandelt (C.P.O. §§. 500, 510 Abs. 2), so ist die Sache bei dem Beginne der Verhandlung in den Kalender aufzunehmen.

1. a) Die Spalte des früheren Formulars mit der Ueberschrift „Gegenstand des Rechtsstreits" ist nunmehr fortgelassen.

2. a) Tab. IIa, 16 der Hauptübers.; nach Nr. 15 der Bemerk. dazu gelten als kontradiktorische Verhandlungen solche, in denen von beiden Parteien, sei es auch nur in Ansehung eines Theiles des Streitgegenstandes, einander widersprechende Anträge gestellt sind.

3. a) daß die Sp. 3 (Name des Klägers und des Beklagten) im Text fortgelassen ist, beruht augenscheinlich auf einem Druckfehler, wie Peters bemerkt.

b) Diese Termine sind bei der Auszählung von der Zahl der mündlichen Verhandlungen (IIa, 15 der Hauptübers.) abzusetzen.

5. S. IIa 17—23, IIb 1—28 der Hauptübers.

In einer und derselben Sache können nicht selten mehrere Spalten zur Ausfüllung gelangen. Dagegen ist von mehreren in demselben Termin ergangenen, dieselben Angriffs- und Vertheidigungsmittel bezielenden Beschlüssen nur der letzte und auch dieser nur unter der Voraussetzung zu zählen, daß die mündliche Verhandlung nicht noch zu einem anderweitigen Ergebnisse geführt hat. (Nr. 16 d. Bemerk. z. Hauptübers.).

Wird die Klage im Termin zurückgenommen, so ist Sp. 7f auszufüllen (vgl. auch Peters Anm. 17c).

Bei Aufstellung der Hauptübers. ist zu beachten, daß die in IIb 28 (Gesammtsumme der Einzelheiten) einzustellende Zahl nicht kleiner sein darf als die Zahl der mündlichen Verhandlungen (IIa, 15), sie wird in der Regel größer sein, da, wie oben bemerkt, ein Termin mehrere Ergebnisse haben kann.

7. S. Abs. 8 u. 9.

9. Diese „Zwischenurtheile" gelten in Bezug auf Rechtsmittel als Endurtheile (sie sind mittelst der Berufung anfechtbar), sie gehören in Sp. 7b des Kalenders und werden unterstrichen. (Siehe auch Abs. 12.)

In Sp. 7c dagegen gehören diejenigen Urtheile, welche in Bezug auf Rechtsmittel nicht als Endurtheile anzusehen, d. h. mit dem Rechtsmittel der Beschwerde anfechtbar sind, z. B. Urtheile über den Antrag auf Zurückweisung eines Nebenintervenienten (§ 71 C.P.O.), über die Rechtmäßigkeit der Weigerung eines Zeugen, sein Zeugniß abzulegen (§ 387 C.P.O.). Eine Unterstreichung dieser Zwischenurtheile ist selbstredend nicht nothwendig, da sie für sich allein gezählt werden.

11. Sind die Parteien über die Norm und Erheblichkeit des Eides einverstanden oder dient der Eid zur Erledigung eines Zwischenurtheils, so kann die Leistung des Eides durch Beweisbeschluß angeordnet werden (§ 461 C.P.O.), sonst ist auf die Eidesleistung durch bedingtes Endurtheil zu erkennen. (§ 460 C.P.O.). Das später ergehende Läuterungsurtheil ist in Sp. 7a einzustellen.

16. a) Es empfiehlt sich in Sp. 11 bei diesem Termin zu vermerken, daß ein Verkündungs-Termin anberaumt ist, um ersichtlich zu machen, weshalb die Spalten über das Ergebniß der Verhandlung nicht sogleich nach dem Termine ausgefüllt sind.

§. 29. Niederlegung von Schiedssprüchen.

Die nach §. 1039 der Civilprozeßordnung auf der Gerichtsschreiberei niedergelegten Schiedssprüche werden mit den zugehörigen Schriften zu Sammelakten vereinigt. Den Akten ist ein Inhaltsverzeichniß vorzuheften.

S. §§ 1025—1048 C.P.O. Zu beachten hat der Anfänger, daß dieses Verfahren nichts mit dem schiedsmännischen zu thun hat.

§. 30. Aushang des Urtheilsverzeichnisses.

Zu dem Aushange des Urtheilsverzeichnisses (C.P.O. §. 316) ist das Formular Nr. 10 zu benutzen. Die Aushänge werden nach der Abnahme jahrgangsweise zu Sammelakten vereinigt. Der Gerichtsschreiber hat auf den Urschriften der Urtheile den Tag des Aushanges zu bemerken und diese Bemerkung zu unterschreiben (C.P.O. §. 316 Abs. 2).

S. auch § 320, 1 u. 2 C.P.O. Die Aushänge sind also nicht, wie es in der Praxis häufig zu geschehen pflegt, in einem Umschlage lose zu sammeln.

§. 31. Kammer für Handelssachen.

Wird bei einem Amtsgericht eine Kammer für Handelssachen gebildet, so finden auf die geschäftliche Behandlung der vor diese gehörigen Sachen die Vorschriften Anwendung, welche in der Geschäftsordnung für die Gerichtsschreibereien der Landgerichte gegeben sind.

Dritter Abschnitt.

Konkurssachen.

§. 32. Konkursregister und Konkursakten.

1. Das Konkursregister ist nach dem Formular Nr. 11 zu führen. In Spalte 8c ist neben dem Tage des Beschlusses die gesetzliche Vorschrift anzugeben, auf Grund deren das Verfahren aufgehoben oder eingestellt ist.[a] Wird die Eröffnung des Verfahrens abgelehnt,[b] so sind die nicht benutzten Spalten durch einen wagerechten Strich auszufüllen.

2. Ist die Konkurseröffnung wegen mangelnder Masse abgelehnt (Konk.O. §. 107), so hat der Gerichtsschreiber ohne besondere Anordnung die Akten dem mit der Führung des Schuldnerverzeichnisses (§. 27 Abs. 8) beauftragten Beamten vorzulegen.

3. Ist das Gericht, welches den Beschluß erlassen hat, ein anderes, als das Amtsgericht, welches nach §. 899 der Civilprozeßordnung als Vollstreckungsgericht zur Abnahme eines Offenbarungseids von dem Schuldner zuständig sein würde, so ist der Name des Schuldners in den Schuldnerverzeichnissen beider Gerichte zu vermerken. Der Gerichtsschreiber des Konkursgerichts hat deshalb eine beglaubigte Abschrift des Beschlusses der Gerichtsschreiberei desjenigen Amtsgerichts zu übersenden, in dessen Bezirke der Schuldner seinen Wohnsitz oder in Ermangelung eines Wohnsitzes seinen Aufenthaltsort hat, auch wenn dieses Gericht einem anderen deutschen Bundesstaat angehört. Die Absendung der Abschrift ist auf der Urschrift des Beschlusses zu vermerken.

4. Wird das Korkursverfahren auf Antrag eines Gläubigers wieder aufgenommen, so ist das Verfahren unter einer neuen Nummer in das Register einzustellen und sowohl bei der neuen Eintragung als auch bei der früheren Registernummer die Wiederaufnahme in Spalte 10 zu vermerken. In jedem dieser Vermerke ist auf den anderen Vermerk hinzuweisen.

5. In Spalte 6 des Registers sind die Aktenbände zu verzeichnen. Es werden über

a) das Verfahren,
b) die Theilungsmasse,
c) die Schuldenmasse,

im Falle des Bedürfnisses auch über

d) Vertheilungen,
e) Zwangsvergleichsvorschläge,

besondere Aktenbände angelegt.

6. Zu dem Bande a gehören alle Schriften, welche allgemeine Angelegenheiten betreffen, z. B. die Bestellung des Verwalters, die Bestellung oder die Wahl des Gläubigerausschusses, die Einstellung des Verfahrens. Der Band b ist zur Aufnahme derjenigen Schriften bestimmt, welche sich auf die Vermittelung und Veräußerung der die Konkursmasse bildenden Vermögensstücke sowie auf die Ansprüche der Massegläubiger, der Aussonderungsberechtigten und der Absonderungs-

4*

berechtigten beziehen. Der Band c soll über die betheiligten Konkursgläubiger und über ihre Ansprüche Aufschluß geben.

7. Der Richter bestimmt, ob noch andere Aktenbände anzulegen sind.

8. Nach der Konkursordnung sind auf der Gerichtsschreiberei niederzulegen:

a) der Antrag auf Einstellung des Konkursverfahrens und die zustimmenden Erklärungen der Konkursgläubiger (Konk.O. §. 203);

b) die Abschrift des Inventars und der Bilanz und die Protokolle über die Siegelung und die Entsiegelung (Konk.O. §. 124);

c) die Anmeldungen und die Tabelle der angemeldeten Forderungen (Konk.O. §. 140);

d) die Verzeichnisse der bei einer Abschlags-, Schluß- oder Nachtragsvertheilung zu berücksichtigenden Gläubiger, die dazu vom Verwalter eingereichten Aenderungen, die gerichtlichen Entscheidungen, durch welche eine Berichtigung dieser Verzeichnisse angeordnet worden ist, sowie die Schlußrechnung (Konk.O. §§. 86, 151, 157, 158, 162, 166, 172);

e) die Vergleichsvorschläge mit den Erklärungen des Gläubigerausschusses (Konk.O. §. 178).

9. Die im Abs. 8 genannten Schriftstücke gehen sogleich zu den im Abs. 5 durch die Buchstaben a bis e bezeichneten Akten. Sie sind den Betheiligten auf Verlangen vorzulegen. Die Tabelle wird erst bei der Beendigung des Verfahrens eingeheftet.

1. a) Hier ist, wie die Ueberschrift des Formulars ergiebt, entweder §. 116 oder § 202 oder § 204 K.O. einzustellen.

b) z. B. wenn keine genügende Masse zur Deckung der Kosten vorhanden ist (§ 107 K.O.) oder die Forderung des Gläubigers und die Zahlungsunfähigkeit des Gemeinschuldners nicht glaubhaft gemacht sind (§ 105 K.O.).

4. Ist ein Zwangsvergleich zu Stande gekommen und der Gemeinschuldner später wegen betrügerischen Bankerotts verurtheilt, so kann das Verfahren wieder aufgenommen werden (§§ 197, 198 K.O.).

6. a) §§ 57—60 K.O.

b) §§ 43—46 K.O.

c) §§ 47—52 K.O.

d) §§ 61 ff. K.O.

§. 33. Tabelle.

1. Die Tabelle über die angemeldeten Forderungen ist von dem Gerichtsschreiber nach dem Formular Nr. 12 in zwei Abtheilungen aufzustellen.

2. In der **ersten Abtheilung** werden die Forderungen aufgeführt, für die in der Anmeldung ein Vorrecht in Anspruch genommen worden ist, und zwar in der Reihenfolge der durch den § 61 der Konkursordnung festgesetzten Rangordnung. Es sind hierbei lediglich die Anträge der Gläubiger maßgebend.

3. In die **erste Spalte** der Tabelle ist für jedes der fünf Vorrechte eine römische Nummer einzutragen, auch wenn noch keine Anmeldung mit dem einen oder dem andern Vorrecht eingegangen ist. In jeder Vorrechtsklasse beginnt die laufende Nummer (Spalte 2) mit der Ziffer 1.

4. Zwischen den einzelnen Vorrechten und für solche Vorrechtsklassen, zu denen noch keine Anmeldungen eingegangen sind, ist ein angemessener **Raum** offen zu lassen.

5. In die **zweite Abtheilung** werden die Forderungen, für die ein Vorrecht nicht verlangt wird, nach der Zeit der Anmeldungen unter fortlaufender Nummernfolge eingetragen. Mehrere Forderungen desselben Gläubigers sind hintereinander, und zwar jede unter einer besonderen Nummer, zu vermerken.

6. Hat ein Gläubiger Forderungen zu **beiden Abtheilungen** oder zu verschiedenen Vorrechten der ersten Abtheilung angemeldet, so ist jede Forderung am gehörigen Orte besonders aufzuführen. Ebenso ist zu verfahren, wenn nur für einen Theil der angemeldeten Forderung ein Vorrecht verlangt wird.

7. Werden die **Anmeldungen vervollständigt** oder geändert, so ist danach die Tabelle zu ergänzen oder zu berichtigen.

8. Wird der Anspruch auf ein **Vorrecht** oder auf ein besseres Vorrecht **nachträglich** geltend gemacht oder zurückgenommen, so ist die Forderung demgemäß anderweit einzutragen und an ihrer bisherigen Stelle zu löschen.

9. In den Fällen der Abs. 6 bis 8 ist bei der einen Eintragung auf die Nummer der anderen Eintragung in Spalte 10 zu **verweisen**.

10. Das einer bestrittenen Forderung gewährte **Stimmrecht** (Konk.O. §. 95 Abs. 1) ist in Spalte 10 zu vermerken; etwaige Aenderungen sind dort nachzutragen.

11. Die von den Gläubigern überreichten **Urkunden** (Wechsel, vollstreckbare Titel, Schuldscheine und dergl.) werden im Prüfungstermin oder unverzüglich nach dessen Schlusse mit den erforderlichen **Feststellungsvermerken** versehen und demnächst den Einreichern zurückgegeben.

1. S. § 140 K.O.
2. S. § 61, 1—5 K.O.
5. Also alle übrigen Forderungen mit Ausnahme der in Anm. 2 bezeichneten.

§. 34. Ertheilung vollstreckbarer Ausfertigungen.

1. In den Fällen der §§. 164, 194, 206 der Konkursordnung dürfen vollstreckbare Ausfertigungen nur für solche Konkursforderungen ertheilt werden, die festgestellt und von dem Gemeinschuldner im Prüfungstermine nicht ausdrücklich bestritten sind. Sie dürfen erst dann ertheilt werden, wenn die öffentliche Bekanntmachung der Aufhebung oder der Einstellung des Verfahrens nach §. 76 Abs. 1 der Konkursordnung für bewirkt gilt und eine gegen den Einstellungsbeschluß zulässige Beschwerde innerhalb der gesetzlichen Frist nicht erhoben ist.

2. Die vollstreckbare Ausfertigung besteht aus einem Auszug aus der Tabelle mit der Vollstreckungsklausel. Im Falle des §. 194 der Konkursordnung ist eine Ausfertigung des Zwangsvergleichsprotokolls und, wenn dieses die Vergleichsbedingungen nicht vollständig enthält, auch des die Bedingungen enthaltenden Schriftstücks sowie eine Ausfertigung des mit dem Zeugnisse der Rechtskraft versehenen Bestätigungsbeschlusses dem Tabellenauszuge vorzuheften.

3. In Spalte 10 der Tabelle ist einzutragen, für wen, gegen wen und zu welcher Zeit die vollstreckbare Ausfertigung ertheilt ist. (Konk.O. §. 72, C.P.O. §. 734).

2. Diese Ausfertigungen sind zur Zwangsvollstreckung geeignete Titel.

§. 35. Oeffentliche Bekanntmachungen.

1. Die öffentlichen Bekanntmachungen (Konk.O. §§. 76, 81, 93, 98, 106, 111, 116, 163, 179, 190, 198, 203, 205) werden durch den Gerichtsschreiber nach den gesetzlichen Bestimmungen und den besonderen Anordnungen des Richters erlassen.

2. Sofern die öffentlichen Bekanntmachungen nicht nach allgemeinen oder besonderen Anordnungen des Richters in noch andere Blätter oder zu mehreren Malen einzurücken sind oder in noch anderer Art als durch Einrückung in öffentliche Blätter (Anheften an die Gerichtstafel, in dem Lokale der Börse u. s. w.) stattzufinden haben, sind sie in das zur Veröffentlichung amtlicher Bekanntmachungen des Gerichts bestimmte Blatt einmal einzurücken.

3. Die Eröffnung, die Wiederaufnahme, die Aufhebung sowie die Einstellung des Verfahrens (Konk.O. §§. 111, 116, 163, 190, 198, 205) ist außerdem in dem Reichsanzeiger durch Einrückung eines Auszugs bekannt zu machen.

1. Hierunter fallen nicht die vom Verwalter erlassenen Bekanntmachungen. S. Peters Anm. 2c zu § 35.

Vierter Abschnitt.

Strafsachen.

§. 36. Forstdiebstahlssachen.

1. Zu den Verzeichnissen über die Strafthaten, welche dem Verfahren nach dem Forstdiebstahlsgesetze vom 15. April 1878 (Gesetz-Samml. S. 222) unterliegen, wird das Formular Nr. 13 benutzt.

2. Jedes Verzeichniß wird in das nach dem Formular Nr. 14 zu führende Register eingestellt. Mit dem Verzeichniß und den dazu gehörigen Schriften werden Akten angelegt.

3. Die bei der Einlegung der Berufung gebildeten Akten (§. 31 des Forstdiebstahlsgesetzes) werden mit dem durch die Nummer des Verzeichnisses erweiterten Aktenzeichen versehen, z. B. A 12/01 Fall 16a; nach Rechtskraft des Urtheils werden sie den Hauptakten wieder beigefügt.

4. In den Fällen der §§. 6, 8 des Forstdiebstahlsgesetzes wird mit der Anklageschrift und dem Auszug aus dem Verzeichnisse (§. 30 daselbst) ein besonderes Aktenstück angelegt und in das Strafprozeßregister eingetragen. Diese Fälle werden in den Geschäftsübersichten nicht als Forstdiebstahlssachen gezählt.

1. a) S. Allg. Verf. v. 29. Juli 1879 (J.M.Bl. S. 221) und deren Abänderung v. 12. Sept. 1881 (J.M.Bl. S. 182).

Der Forstschutzbeamte (Förster, Forstaufseher) stellt das Verzeichniß auf und reicht es dem Forstrevierbeamten (Oberförster) ein, letzterer fertigt ein Gesammtverzeichniß, indem er die einzelnen Verzeichnisse der Schutzbezirke zusammenlegt und sendet dasselbe nebst einer Abschrift dem Amtsanwalt ein. Dieser füllt Sp. 7 aus und überreicht ein Exemplar dem Amtsgericht.

b) Wird Einspruch eingelegt, so verhandelt der Amtsrichter ohne Schöffen (§ 19 F.D.G.).

c) Die mit dem Forstschutze betrauten Personen, welche nach den Anzeigen als Beweiszeugen auftreten sollen, sind nicht vom Gericht zu laden, sondern durch ihre Vorgesetzten zu veranlassen, im Termin zu erscheinen (§ 27, 5 F.D.G.). Dasselbe gilt von den im Privatdienste stehenden (Dalcke Anm. 81 z. F.D.G.).

d) Die Termine werden zunächst in den Geschäftskal. und erst nach erhobenem Einspruch in den Kal. f. Hauptverh. eingetragen. (S. Sp. 8a bezw. b.) Es wird für alle in einer Hauptverhandlung (§ 29 F.D.G.) ergehenden Entscheidungen nur ein Urtheil gezählt, vgl. Nr. 43 d. Bemerk. z. Hauptübers.

4. In diesen Fällen (gemeinschaftlicher Forstdiebstahl durch 3 und mehr Personen, Rückfall u. s. w.) reicht der Amtsanwalt wie in anderen Schöffensachen eine Anklageschrift ein, die unter D einzutragen ist.

§. 37. Register für Privatklagesachen.

1. Das Register für **Privatklagesachen**[a)] wird nach dem Formular Nr. 15 geführt. Wird eine zurückgewiesene Klage von neuem angebracht, so wird sie unter einer neuen Nummer eingetragen.

2. Eine **Widerklage** wird dadurch ersichtlich gemacht, daß in Spalte 3 bei den Namen der Parteien die Bezeichnungen „Widerbeschuldigter" und „Widerkläger" nachgetragen werden.

3. Die Spalten, welche die Art der **Beendigung** nachweisen (4a bis 4e), werden mit dem Buchstaben B ausgefüllt. Es wird nur eine Spalte benutzt und zwar die Spalte derjenigen Instanz, in welcher das Verfahren beendet wird.

4. Wird die Sache in der ersten Instanz auf **verschiedene Art** beendet, so wird nur die Urtheilsspalte (4b) ausgefüllt.

5. Wird auf Grund des Allerhöchsten Erlasses vom 23. Oktober 1895 (Just.-Minist.-Bl. S. 348) die **Strafvollstreckung ausgesetzt** oder wird im Gnadenwege die Strafe umgewandelt, ermäßigt oder erlassen, so ist dies in Spalte 5 kurz zu vermerken.

6. Tritt der Privatkläger in die Stellung des **Nebenklägers**, weil die Staatsanwaltschaft die Verfolgung übernimmt, so ist dies in Spalte 8 zu vermerken.

7. Im Falle des Bedürfnisses kann der Landgerichtspräsident ein **alphabetisches Namenverzeichniß** für Privatklagesachen anordnen.

1. a) S. §§ 414—434 St.P.O., §§ 185 ff., 194, 223, 232 St.G.B.

Zur Aufnahme der Privatklage ist der Gerichtsschr. zuständig; ein Sühneattest des Schiedsmanns ist beizubringen, sofern es sich um Beleidigungen handelt und die Parteien in demselben Gemeindebezirke wohnen (§ 420 St.P.O.). Beim Vorliegen von Körperverletzungen ist der Sühneversuch nicht nothwendig.

Minderjährige haben nicht die Befugniß zur Klageerhebung trotz ihrer Berechtigung, Strafantrag zu stellen (§ 65 St.G.B.). S. Löwe, St.P.O. S. 639.

Bis zur Beendigung der Schlußvorträge erster Instanz kann der Beschuldigte Widerklage erheben (§ 428 St.P.O.). Der Gerichtsschr. hat den Fall zu beachten, daß der Beschuldigte nicht gegen den Ehemann, der selbständig wegen der seiner Ehefrau zugefügten Beleidigung die Privatklage angestrengt hat, Widerklage erheben darf. Hier muß der Beschuldigte die Privatklage erheben.

3. Wird die Privatklage vor Beginn der Hauptverhandlung zurückgenommen, so wird das Verfahren durch Beschluß eingestellt, anderenfalls durch Urtheil.

6. S. §§ 417, 435 ff. St.P.O.

§. 38. Strafprozeßregister.

1. Sämmtliche weder in das Forstdiebstahlsregister noch in das Register für Privatklagesachen einzustellenden Strafsachen gehören in das nach dem Formular Nr. 16 zu führende **Strafprozeßregister**. Die in Spalte 5 einzutragenden Nummern beginnen für jede Unterspalte mit der Ziffer 1.

2. Bei dem **Eingang** eines Schriftstücks, welches eine richterliche Verfügung in Strafsachen veranlaßt, ist von den Spalten 4a und 5a bis 5d diejenige Spalte auszufüllen, unter deren Ueberschrift die Sache nach dem Antrag oder dem sonstigen Inhalte der Schrift gehört. Urkunden, die nicht zu den Strafakten geheftet werden können, sind unter entsprechender Anwendung des §. 25 Abs. 23 besonders zu verwahren.

3. Bei den **G-Sachen** ist das Aktenzeichen der Staatsanwaltschaft in Spalte 10 anzugeben.

4. Wird **ohne Terminsbestimmung** zur Hauptverhandlung geschritten, so ist die Sache in das Register einzutragen, sobald das Protokoll zur Gerichtsschreiberei gelangt.

5. In die Spalten 5a **und** 5b gehören auch die Fälle, in denen das Hauptverfahren von einem anderen Gericht eröffnet oder in denen ohne Anklageschrift und ohne Eröffnungsbeschluß zur Hauptverhandlung geschritten wird.

6. Die Sachen, welche von der **Strafkammer** auf Grund des §. 75 des Gerichtsverfassungsgesetzes dem Schöffengericht zur Verhandlung und Entscheidung **überwiesen** sind, werden dadurch kenntlich gemacht, daß die Zahlen im Register und auf dem Aktendeckel unterstrichen werden. Diese Vorschrift findet keine Anwendung, wenn die Strafkammer das Hauptverfahren auf Grund des §. 207 der Strafprozeßordnung vor dem Schöffengericht eröffnet.

7. Zu den Schriften, welche bei ihrem Eingang in Spalte 5d einzustellen sind, gehören alle **Anzeigen und Anträge**, für deren Erledigung oder Entscheidung das Amtsgericht zuständig ist, wenn die öffentliche Klage nicht oder nicht bei diesem Amtsgericht erhoben ist (§. 11 Abs. 2).

8. Die Spalten, welche die Art der **Beendigung** nachweisen, werden mit dem Buchstaben ausgefüllt, welcher zur Bezeichnung der Angelegenheit dient.

9. Die Buchstaben F und G können niemals in eine dieser Spalten eingetragen werden; in Spalte 6a kann nur der Buchstabe C eingestellt werden.

10. Die Spalte 6c ist auch in dem Falle auszufüllen, wenn eine Strafprozeßsache mit einer anderen **verbunden** wird.

11. Eine von dem Amtsgerichte geführte **Voruntersuchung** gilt als beendet, sobald die Akten gemäß §. 195 Abs. 1 der Strafprozeßordnung der Staatsanwaltschaft übersendet werden.

12. Im Uebrigen finden bei der **Ausfüllung** der Spalten 6a bis 6e und 7 die Vorschriften des §. 37 Abs. 3 bis 5 entsprechende Anwendung.

13. Ist eine **Verwaltungsbehörde**[a)] oder ein Nebenkläger[b)] betheiligt, so ist dies in Spalte 10 zu bemerken.

14. Mit den C-Sachen (Strafbefehle) sind **Blattsammlungen** anzulegen. Das Gleiche gilt von den G-Sachen (einzelne richterliche Anordnungen), sofern die entstehenden Schriftstücke nicht zu den Akten der Staatsanwaltschaft (Abs. 3) zu nehmen sind. Die Blattsammlungen des Buchstabens C sind zu heften, wenn auf Einspruch zur Hauptverhandlung geschritten wird.

15. Werden die **Akten** an eine andere Behörde oder zu anderen Akten endgültig **abgegeben**, so ist in Spalte 10 ein Vermerk über den Verbleib einzutragen.

16. Sind in einer G-Sache **Kosten** zu erheben, so findet die Vorschrift im §. 11 Abs. 7 entsprechende Anwendung.

17. Wegen der Mittheilungen für das **Strafregister** bewendet es bei den Vorschriften der Allgemeinen Verfügung vom 7. September 1896 (Just.-Minist.-Bl. S. 265).

18. Im Falle des Bedürfnisses kann der Landgerichtspräsident die Führung eines **alphabetischen Namenverzeichnisses** zu den Strafsachen des Aktenzeichens D, bei Amtsgerichten von beträchtlichem Geschäftsumfang auch des Aktenzeichens E, anordnen.

1. a) In Sp. 3 ist die strafbare Handlung, nicht der Gesetzesparagraph einzustellen; gleicher Ansicht ist Peters in Anm. 2c bb.

b) In Sp. 5b gehören auch Anträge auf gerichtliche Entscheidung gegen eine polizeiliche Strafverfügung.

c) Die Bedeutung der Sp. 7 u. 8 erhellt aus der Allg. Verf. v. 3. Dez. 1880 (J.M.Bl. S. 326: „Die vorschriftsmäßige Ausführung der Vollstreckungsverfügungen ist bei der Revision (der Sekretariate der Staatsanwaltschaften und) der Gerichtsschreibereien der Amtsgerichte unter Benutzung der Strafprozeßregister und der Register für Rechtshülfesachen zu prüfen." Für diese Prüfung genügt es mithin, wenn aus dem Register hervorgeht, welche Strafen festgesetzt und ob sie bezahlt bezw. vollstreckt sind; es erscheint also in keinem Falle nothwendig, Angaben über die Strafthat zu machen. Anderer Ansicht Peters in Anm. 13r dd.

3. Diese neue Vorschrift erweist sich besonders praktisch, wenn Schriftstücke den bereits zurückgesandten Akten nachgesandt oder die Akten späterhin aus irgend einem Grunde beim Amtsgericht gebraucht werden.

4. § 211 St.P.O.

5. § 207, 2 St.P.O.

6. Diese Vorschrift dient den Zwecken der Hauptübersicht; Tab. XI, 13.

7. a) Nicht hierher gehören die Rechtshülfesachen, z. B. wenn nach Eröffnung des Hauptverfahrens das Gericht um Vernehmung von Zeugen oder des Angeklagten ersucht, dagegen alle Untersuchungshandlungen und Vernehmungen im vorbereitenden Verfahren, mögen sie auf Ersuchen der Staatsanwaltschaft oder (bei Gefahr im Verzuge) auf Veranlassung des Amtsrichters vorgenommen werden. S. näheres in Nr. 42 d. Bemerk. z. Hauptübers.

b) Es erscheint dem Sinne der Ueberschrift der Sp. 5d „einzelne richterliche Anordnungen" nicht zu entsprechen, wenn die gemäß § 156, 1 St.P.O. durch den Gerichtsschr. aufgenommenen Anzeigen strafbarer Handlungen, welche, ohne daß eine richterliche Untersuchungshandlung stattfindet, der Staatsanwaltschaft übersandt werden, Aufnahme in dem Register finden. Diese Sachen gehören in das E.R.Register. Anderer Ansicht ist Peters in Anm. 15, III.

11. S. §§ 176–195 St.P.O. Die Voruntersuchung wird von dem Untersuchungsrichter beim Landgericht geführt; die Führung kann aber durch Beschluß des Landgerichts (§ 183 St.P.O.) oder durch den Präsidenten des Reichsgerichts (§ 184, 2 St.P.O.) einem Amtsrichter übertragen werden.

12. S. Tab. Xa, 14–25, Xb, 1–30.

13. a) S. §§ 459—469 St.P.O.

b) S. §§ 435—446 St.P.O. Der Gerichtsschr. hat zu beachten, daß er zur Aufnahme der Anschlußerklärung des Nebenklägers nicht zuständig ist; Dalcke Anm. 28 zu § 436 St.P.O.

§. 39. Kalender für Hauptverhandlungen.

1. Der Kalender für Hauptverhandlungen ist nach dem Formular Nr. 17 zu führen. Für jede Strafprozeßabtheilung wird ein besonderer Kalender geführt.

2. Der **Terminstag** wird als Ueberschrift vorangestellt. Dabei ist anzugeben, ob die Sitzung des Schöffengerichts eine ordentliche oder eine außerordentliche ist.[a] Die laufende Nummer beginnt für jeden Tag mit der Ziffer 1.

3. **Sogleich nach** der Terminsbestimmung sind die Spalten 1—7 auszufüllen. Wird die Klage in der Hauptverhandlung erhoben, so erfolgt die Eintragung in der Sitzung.

4. Die in **Forstdiebstahlssachen** nach §. 27 Abs. 3 des Forstdiebstahlsgesetzes zur Erhebung des Einspruchs und nur eintretendenfalls zugleich zur Hauptverhandlung bestimmten Termine werden zunächst nur im Geschäftskalender vermerkt. Sie sind in den Kalender für Hauptverhandlungen erst dann einzutragen, wenn im Termin Einsprüche erhoben werden.

5. Termine, die lediglich zur **Verkündung einer Entscheidung** bestimmt werden, sind in Spalte 1 durch „VT" erkennbar zu machen. Die Vorschrift des §. 28 Abs. 16 findet entsprechende Anwendung.

6. Während der **Sitzung** liegt der Kalender dem Richter vor. Die Ausfüllung der Spalten 8 und 9 nach den Ergebnissen der Hauptverhandlungen ist sogleich zu bewirken.

7. Das **Ergebniß** der Hauptverhandlung ist in Spalte 8 dadurch zu vermerken, daß der zu dem Aktenzeichen gehörige Buchstabe eingetragen wird. Wenn der gegen einen Strafbefehl erhobene Einspruch durch Urtheil verworfen wird (St.P.O. §. 452 Abs. 1) oder wenn ein Urtheil in einer von der Strafkammer dem Schöffengericht überwiesenen Sache ergeht, so sind die eingestellten Buchstaben (C oder D) zu unterstreichen.

8. Der **Gerichtsschreiber** hat die Spalten 8 und 9 auszufüllen, falls der Richter es unterlassen haben sollte.

9. Ein **Verzeichniß** der Termine ist mit den Akten dem Richter vorzulegen. Eine Abschrift des Verzeichnisses ist vor dem Beginne der Hauptverhandlungen an dem Eingange zu dem Sitzungszimmer auszuhängen.

1. a) Die Spalten 8 und 9 bilden die Unterlagen für die Hauptübers. Tab. XI, 1—19 u. Nr. 43—46 d. Bemerk. dazu.

b) in Sp. 3 ist nunmehr lediglich der Name einzutragen; eine praktische Vereinfachung im Vergleich zur früheren Gesch.Ord.!

c) nach Nr. 44 der Bemerk. z. Hauptübers. hat die Auszählung der Ergebnisse der Sp. 8 schon im Laufe des Jahres zu erfolgen.

2. a) Bei Hauptverhandlungen vor dem Amtsrichter besteht diese Unterscheidung nicht.

4. In Forstdiebstahlssachen (A) wird stets ohne Zuziehung von Schöffen verhandelt, liegen die Fälle der §§ 6 oder 8 d. F.D.G. vor (D-Sachen), wo also eine Anklageschrift einzureichen ist, so gehören sie vor das Schöffengericht.

7. Wird der Einspruch gegen einen Strafbefehl wegen Ausbleibens des Angeklagten verworfen, so ist Sp. 9a auszufüllen, denn sachlich kommt es auf einen Schuldigspruch hinaus. Peters Anm. 12, 2 d zu § 39.

§. 40. Wiederaufnahme des Verfahrens.

1. Die Schriften, welche die **Wiederaufnahme** eines durch rechtskräftiges Urtheil geschlossenen Verfahrens betreffen, sind zu den Akten zu nehmen, in denen das angegriffene Urtheil sich befindet.

2. Wird die **Wiederaufnahme** des Verfahrens und die Erneuerung der Hauptverhandlung **beschlossen** oder wird ohne Hauptverhandlung auf Freisprechung erkannt (St.P.O. §. 410 Abs. 2, §. 411 Abs. 1, 2), so ist die Sache von neuem in das Strafprozeßregister einzutragen. Die Wiederaufnahme ist bei der alten und bei der neuen Nummer unter Hinweis auf die andere Nummer in Spalte 10 ersichtlich zu machen.

1. §§ 399—413 St.P.O.

2. Tab. XII 2—9 d. Hauptübers. u. Nr. 47 u. 49 d. Bemerk. dazu.

§. 41. Liste der Ueberführungsstücke.

1. Die von dem Amtsgericht in **Verwahrung genommenen Gegenstände**, die in einer Strafsache als Beweismittel von Bedeutung sind oder der Einziehung unterliegen (St.P.O. §. 94), hat der Gerichtsschreiber auf Verfügung des Richters in die nach dem Formular Nr. 18 zu führende Liste einzutragen. Die Verwahrung liegt dem Gerichtsschreiber ob, sofern nicht der Richter ein Anderes bestimmt. Mehrere Gegenstände werden unter einer Nummer eingestellt, wenn sie zu derselben Sache gehören.

2. An jedem einzelnen Gegenstand oder an dem Umschlag, in welchem er sich befindet, ist ein **Zettel** zu befestigen, welcher die Nummer der Liste trägt und die Strafsache bezeichnet, zu welcher der Gegenstand gehört.

3. Unter der **Annahmeverfügung** ist die Nummer der Liste, unter der Ausgabeverfügung ist die Herausgabe zu bemerken.

4. **Werden Gelder** oder Kostbarkeiten zur vorläufigen Verwahrung gegeben, so ist dies unter Angabe der Nummer des Verwahrungsbuchs in Spalte 7 ersichtlich zu machen.

5. Die bei dem Beginne des **dritten** Geschäftsjahrs noch unerledigten Nummern sind in der neu anzulegenden Liste unter der alten Nummer mit Angabe des Jahrganges vorzutragen. In der älteren Liste ist die Uebertragung bei jeder Nummer in Spalte 7 zu bemerken.

6. Die Liste ist am Schluß eines jeden Kalendervierteljahrs dem aufsichtführenden Richter zur **Durchsicht** vorzulegen. Dieser vermerkt unter der letzten Eintragung, daß die Durchsicht stattgefunden hat.

7. Den **Akten** ist ein Verzeichniß der Ueberführungsstücke **vorzuheften**, welches die Nummer der Liste, die Bezeichnung der Stücke und die auf die Verwahrung sich beziehenden Aktenblätter ergiebt.

4. § 74, 1 der Hinterlegungsordnung.

§. 42. Hinterlegungsbuch für Zeugen- und Sachverständigen-Entschädigungen.

Wegen der Aufbewahrung und Auszahlung der von einem Angeklagten gemäß §. 219 Abs. 2 der Strafprozeßordnung bei dem Gerichtsschreiber **hinterlegten Entschädigungen** für Zeugen und Sachverständige sowie wegen der hierüber zu haltenden Liste (Hinterlegungsbuch) bewendet es bei den Vorschriften der Allgemeinen Verfügung vom 10. Juni 1891 (Just.-Minist.-Bl. S. 161).

§. 43. Strafkammer.

1. Ist bei einem Amtsgericht eine **Strafkammer** gebildet, so finden auf die geschäftliche Behandlung der vor diese gehörigen Sachen die Vorschriften Anwendung, welche in den Geschäftsordnungen für die Gerichtsschreibereien der Landgerichte und die Sekretariate der Staatsanwaltschaften bei den Landgerichten in Ansehung der vor die Strafkammern gehörigen Sachen gegeben sind.

2. Für jedes Geschäftsjahr sind ein oder mehrere Gerichtsschreibereibeamte des Amtsgerichts zu **Gerichtsschreibern** der Strafkammer zu bestellen; sie haben die in Strafkammersachen aufgenommenen Verhandlungen unter ausdrücklicher Erwähnung dieser Amtseigenschaft zu unterzeichnen.

3. Ist **außerdem** ein **Beamter des Landgerichts** zum Gerichtsschreiber der Strafkammer bestimmt (§. 38 **der Geschäftsordnung** für die Gerichtsschreibereien der Landgerichte), so bleibt die Vertheilung der Strafkammergeschäfte unter die Beamten der Gerichtsschreiberei dem Landgerichtspräsidenten vorbehalten.

Fünfter Abschnitt.

Gerichtliche Urkunden.

§. 44. Beurkundungsregister.

1. Die Handlungen in Angelegenheiten der freiwilligen Gerichtsbarkeit, mit Ausschluß der vor dem Grundbuchamte beurkundeten Auflassungserklärungen, werden, sofern nicht für einzelne Arten besondere Vorschriften gegeben oder besondere Register angeordnet sind, in das nach dem Formular Nr. 19 zu führende **Beurkundungsregister** eingetragen.

2. In dem Beurkundungsregister erhält jede der Spalten 5a bis 5d **eine besondere Nummernfolge**; jede Verhandlung bildet nicht mehr als eine Nummer.

3. Unter I werden die gerichtlich beurkundeten **Verträge und einseitigen Willenserklärungen** unter Lebenden eingetragen, mögen sie selbständig oder aus Anlaß der Bearbeitung einer anderen Rechtsangelegenheit (Vormundschafts-, Nachlaßsache) aufgenommen sein. Verhandlungen, die mit einer **Auflassungsverhandlung** (Abs. 1) verbunden sind, werden in das Beurkundungsregister ebenso eingetragen, wie wenn sie ohne Verbindung mit der Auflassung beurkundet wären.

4. Ein im **Theilungsverfahren**[a]) (§. 56 Abs. 10) von dem Gerichte beurkundeter Auseinandersetzungsvertrag ist, auch wenn er unter Anwendung des §. 93 Abs. 2 des Reichsgesetzes über die Angelegenheiten der freiwilligen Gerichtsbarkeit zu Stande gekommen ist, stets noch besonders unter I in das Beurkundungsregister einzutragen. Auf die Vereinbarung über **vorbereitende Maßregeln**[b]) im Theilungsverfahren findet diese Vorschrift keine Anwendung.

5. Unter II werden die **Beglaubigungen** von Unterschriften und Handzeichen nur dann eingetragen, wenn sie eine selbständige richterliche

Handlung darstellen, dagegen nicht, wenn die Beglaubigung nur die Vorbereitung für eine weitere richterliche Thätigkeit bildet.

6. Unter III sind die **freiwilligen Versteigerungen**[a] und öffentlichen Verpachtungen[b] von Grundstücken und von sonstigen Gegenständen einzutragen, auf welche die sich auf Grundstücke beziehenden Vorschriften Anwendung finden. Wird der Zuschlag gerichtlich beurkundet, so ist die Beurkundung in Spalte I noch besonders einzutragen.

7. Unter **IV sind alle sonstigen richterlichen Beurkundungen** und Entscheidungen in Sachen der freiwilligen Gerichtsbarkeit einzutragen, die **außerhalb eines anhängigen Verfahrens** vorgenommen oder beantragt werden und für die in dieser Geschäftsordnung weder ein besonderes Register (z. B. das Rechtshülfe-, Vormundschafts-, Nachlaß-, Familienrechtsregister) noch ein besonderes General- oder Sammelaktenstück (z. B. Abs. 17, 18) bestimmt ist.

8. Zu den im Abs. 7 bezeichneten Angelegenheiten gehören z. B. die Armenrechtsgesuche[a] in Sachen der freiwilligen Gerichtsbarkeit, die Beurkundungen der Uebergabe oder der Rückgabe von Sachen,[b] die Feststellung des Zustandes[c] oder die Anordnung der Verwahrung von Sachen,[d] die Mitwirkung bei der Aufnahme eines Bestandverzeichnisses,[e] die Ausstellung gerichtlicher Zeugnisse mit Ausnahme der Erbscheine und der ihnen gleichstehenden gerichtlichen Zeugnisse (§. 56 Abs. 6),[f] die Bewilligung der öffentlichen Zustellung von Willenserklärungen,[g] die Kraftloserklärung von Vollmachten,[h] die Vernehmung von Zeugen und Sachverständigen außerhalb eines schwebenden Verfahrens (z. B. zur Benutzung im Auslande),[i] die Abnahme von Eiden und eidesstattlichen Versicherungen, insoweit diese nicht zu einem bei dem Gericht anhängigen Verfahren gehören,[k] die Aufnahme von Schätzungen,[l] die Feststellung von Grenzen,[m] überhaupt[n] die im Bürgerlichen Gesetzbuch, in dem Reichsgesetz über die Angelegenheiten der freiwilligen Gerichtsbarkeit und in dem preußischen Gesetz über die freiwillige Gerichtsbarkeit, im Handelsgesetzbuch, in den Gesetzen über die Binnenschiffahrt und die Flößerei, im Genossenschaftsgesetz und in dem Gesetze, betreffend die Gesellschaften mit beschränkter Haftung, den Gerichten zugewiesenen, zur freiwilligen Gerichtsbarkeit gehörenden einzelnen Handlungen und Entscheidungen, sofern sie nicht zu bereits vorhandenen Akten oder Blattsammlungen, z. B. zur Blattsammlung über eine bereits eingetragene Firma oder Gesellschaft, zu Nachlaß- oder zu Vormundschaftsakten, zu nehmen sind.

9. Handlungen der in den Abs. 1 bis 8 bezeichneten Art werden auch dann in das **Beurkundungsregister** eingetragen, wenn der **Gerichtsschreiber** sie auf Grund eigener Zuständigkeit beurkundet oder vornimmt oder wenn das Gericht mit der Vornahme der Handlung einen Gerichtsschreiber oder einen Gerichtsvollzieher beauftragt; die von diesen aufgenommenen Urkunden sind in Urschrift der gerichtlichen Blattsammlung einzuverleiben. Handlungen, die der Gerichtsschreiber oder der Gerichtsvollzieher vorgenommen hat, sind durch Einklammern der Aktennummer kenntlich zu machen, um deren besondere Zählung zu ermöglichen.

10. Vergleiche vor dem **Prozeßrichter** und rechtsgeschäftliche Erklärungen innerhalb eines Zwangsversteigerungsverfahrens gehören nicht in das Beurkundungsregister.

11. Insoweit die entstandenen Urkunden zu Grundakten oder zu anderen Akten zu nehmen sind, ist ihre **Abgabe** in Spalte 7a oder 7b durch Angabe des Aktenzeichens zu vermerken.

12. Urkunden, welche lediglich die Einigung über eine in das Grundbuch einzutragende Rechtsänderung oder nur die Erklärung über die Aufgabe eines in das **Grundbuch** eingetragenen Rechtes zum Inhalte haben (B.G.B. §§. 873, 875), sind unter I einzutragen, aber in Spalte 6 durch einen **senkrechten Strich** zu bezeichnen und besonders zu zählen; das Gleiche gilt von den entsprechenden Urkunden in Schiffspfandsachen. Bei anderen Handlungen in Grundbuch- und Schiffspfandsachen ist die unter I oder IV eingestellte **Nummer zu unterstreichen**; das Unterstreichen kann unterbleiben, falls die Gerichtsschreibereiabtheilung nur Sachen dieser Art bearbeitet. Bei Beglaubigungen von Unterschriften oder Handzeichen finden diese Vorschriften keine Anwendung.

13. Sind die entstandenen Urkunden oder Schriften nicht zu anderen Akten abzugeben, so ist mit ihnen je eine besondere **Blattsammlung** anzulegen. Zu dieser sind alle auf die Angelegenheit bezüglichen Eingänge (Kostenrechnungen, Behändigungsurkunden, später eingehende Anträge auf Ausfertigung u. dergl.) zu nehmen. Auf den Urkunden ist bei jeder Ertheilung einer Ausfertigung zu vermerken, wem und an welchem Tage sie ertheilt ist.[a)]

14. Bleibt nach den bestehenden Vorschriften eine Urkunde weder in Urschrift noch in Abschrift bei dem Gerichte zurück, was bei Beglaubigungen und bei Beurkundungen behufs Sicherstellung der Zeit der Ausstellung von Privaturkunden die Regel bilden wird, so ist ein **Vermerk** anzufertigen, welcher den Namen, Stand und Wohnort der

Betheiligten, den Werth des Gegenstandes, den Betrag des etwa bereits verwendeten Stempels und alle sonstigen für die Berechnung und Einforderung der Kosten nothwendigen Angaben enthält. Der Vermerk ist zur Anlegung der Blattsammlung zu benutzen. Die Kosten sind thunlichst auf dem Blatte zu berechnen, welches diesen Vermerk enthält. Die Verwendung einer besonderen Hülle kann unterbleiben, falls die Blattsammlung nicht mehr als ein Schriftstück umfaßt.

15. **Beschränkt** sich eine in das Beurkundungsregister eingetragene Verhandlung auf die **Aenderung**, Ergänzung oder Wiederaufhebung einer früher beurkundeten Handlung, über die bereits eine nach den vorstehenden Vorschriften angelegte Blattsammlung vorhanden ist, so ist die Urkunde zu dieser Blattsammlung zu nehmen. Die Abgabe ist bei der neuen Eintragung in Spalte 7b zu vermerken.

16. Bei der **freiwilligen Versteigerung** oder bei der öffentlichen Verpachtung von Grundstücken u. s. w. ist die **Blattsammlung** mit dem Antrag auf Einleitung des Verfahrens anzulegen. Das Gleiche gilt für die unter IV einzutragenden Angelegenheiten.

17. **Schriftstücke** in Angelegenheiten der freiwilligen Gerichtsbarkeit, die weder zu anderen Akten gehören, noch zur Anlegung einer besonderen Blattsammlung geeignet sind, z. B. Schriftstücke über eine nicht zu Stande gekommene rechtsgeschäftliche Beurkundung, werden nach der Reihenfolge des Einganges jahrgangsweise zu **Sammelakten** vereinigt.

18. Die auf den **Austritt aus der Kirche** (Gesetz vom 14. Mai 1873 — Gesetz-Samml. S. 207) oder aus der Synagogengemeinde (Gesetz vom 28. Juli 1876 — Gesetz-Samml. S. 353) bezüglichen Verhandlungen sind nach der Reihenfolge zu je einem besonderen Sammelaktenstücke zu bringen; diesem ist ein alphabetisches Namenverzeichniß vorzuheften. Eine Eintragung in das Beurkundungsregister findet nicht statt.

19. Die **Blattsammlungen** des Aktenzeichens I, III und IV sind zu je 50 oder 100 Stück derselben Nummernfolge in verschnürten Mappen **aufzubewahren**. Zu den Eintragungen dieser Spalten ist für je fünf bis zehn Jahrgänge ein **alphabetisches Namenverzeichniß** zu führen; Urkunden, die zu den Grundakten abgegeben werden, bleiben hierbei unberücksichtigt.

20. Das **Beurkundungsregister** bildet gleichzeitig die **Grundlage** zur Aufstellung der nach den Allgemeinen Verfügungen vom 15. November 1894 (Just.-Minist.-Bl. S. 314) und vom 24. August 1895

(Just.-Minist.-Bl. S. 263) der Steuerbehörde mitzutheilenden Verzeichnisse. Diejenigen Verhandlungen, von welchen nach den erwähnten Allgemeinen Verfügungen der Steuerbehörde Mittheilung zu machen ist, werden bei der Eintragung in das Register durch den Vermerk „St" in Spalte 8 erkennbar gemacht.

3. a) Der Text bringt es unzweideutig zum Ausdruck, daß Verträge und einseitige Willenserklärungen, auch wenn sie bei anderen Rechtsangelegenheiten bearbeitet werden, stets noch besonders unter I einzutragen sind, während Sp. IV nur dann in Betracht kommt, wenn die Angelegenheit in einem anderen Register keine Aufnahme gefunden hat (Abs. 7).

b) Es kann die Frage aufgeworfen werden, wer als „Betheiligter" im Beurk.-Reg. aufzuführen sei: Allgemein gilt bei der freiwilligen Gerichtsbarkeit als „Betheiligter" derjenige, auf dessen Antrag oder zu dessen Gunsten ein Verfahren eingeleitet ist oder gegen den ein Verfahren sich richtet. S. Jastrow, Anm. 3 zu § 6 Reichsges. freiw. G. Bei der Beurkundung von Rechtsgeschäften dagegen ist Betheiligter derjenige, dessen Erklärung beurkundet werden soll, z. B. der Vertreter, nicht der Vertretene. S. § 168 a. a. O. u. Jastrow Anm. 5. Den zweiten Fall anzuwenden würde dem Sinne des Registers nicht entsprechen und es wäre zwecklos, wenn dort die Namen der Bevollmächtigten, Rechtsanwälte, Vormünder u. s. w. aufgeführt stünden, während die Namen der „Interessenten", die allein man im Register sucht, fehlen sollten. Demnach sind die letzteren aufzuführen.

4. a) §§ 72—99 Reichsges. freiw. G.

b) Treffen gemäß § 91 a. a. O. die Betheiligten vor der Auseinandersetzung Vereinbarungen über vorbereitende Maßregeln, z. B. Herausgabe, Abschätzung oder Verkauf einzelner Stücke, Uebernahme einer Sache durch einen Miterben (Jastrow Anm. 1 zu § 91), so hat das Gericht die Vereinbarung zu beurkunden und ev. zu bestätigen. Diese Vereinbarungen bilden einen Theil des Verfahrens und sind deshalb nicht noch besonders einzutragen.

Der Begriff „beurkunden" deckt sich mit dem früher gebräuchlichen „aufnehmen".

5. a) S. § 183 Reichsges. freiw. G. u. § 60 Pr. G. freiw. G. Der Zuziehung eines Gerichtsschreibers bedarf es auch bei der Beglaubigung von Handzeichen nicht. S. Jastrow, Formularbuch I S. 69, d.

b) Unter II sind auch „Sicherstellungen der Zeit von Privaturkunden" einzutragen. S. Art. 36, 54, 56, 58 Pr. G. freiw. G. Diese aus dem Rheinischen Recht stammende Einrichtung soll öffentlich feststellen, daß eine Urkunde zu einer bestimmten Zeit bestanden hat, da sich die Beweiskraft einer Privaturkunde auf das Datum derselben nicht erstreckt. Gemäß Art. 36 a. a. O. sind außer den Gerichten und Notaren auch die Gerichtsschreiber zuständig. Der Vermerk würde zu lauten haben: „Die vorstehende Urkunde ist mir heute vorgelegt worden", Datum, Unterschrift u. s. w. S. Jastrow I S. 108 u. 109, II. S. 509.

6. a. S. Art. 31, 66—75 Pr. G. freiw. G. u. §§ 70 ff. d. Allg. Verf. v. 28. Dez. 1899 (J.M.Bl. S. 889).

Gemäß Art. 38, 3 a. a. O. kann mit Zustimmung der Betheiligten ein Gerichtsschreiber beauftragt werden, wenn die Versteigerung außerhalb der Gerichtsstelle erfolgen soll. Wird der Zuschlag durch den Gerichtsschreiber beurkundet, so ist die in I einzustellende Zahl einzuklammern (Abs. 9).

b) S. Art. 38 Pr. G. freiw. G., § 58 Allg. Verf. v. 20. Dez. 1899 (J.M.Bl. S. 889).

7. S. Anm. 3a.

8. a) S. § 14 Reichsges. freiw. G., § 1 Pr. G. freiw. G., die Vorschriften der C.P.O. §§ 114, 115 u. d. Rechtsanw.Ord. §§ 34—36 finden Anwendung.

b) Es kann sich um bewegliche und unbewegliche Sachen handeln, s. §§ 433, 854, 929 Satz 2, 870, 931 B.G.B. Muster bei Jastrow II S. 150—153.

c) z. B. der Nießbraucher bezw. der Eigenthümer eines Grundstücks kann den Zustand desselben durch Sachverständige feststellen lassen, um Vorkehrungen gegen Streitigkeiten bei Beendigung des Nießbrauchs zu treffen. §§ 1030, 1034 B.G.B.

d) S. § 1217, 1 B.G.B., wenn der Pfandgläubiger die Rechte des Verpfänders in erheblichem Maße verletzt, so kann das Pfand an einen gerichtlich zu bestellenden Verwahrer abgeliefert werden.

e) Der Nießbraucher bezw. der Eigenthümer eines Inbegriffs von Sachen (Waarenlager, Bibliothek, Heerde) kann die gerichtliche (oder notarielle) Aufnahme des Bestandsverzeichnisses verlangen, § 1035 B.G.B. Die Aufnahme eines Nachlaßverzeichnisses gehört nicht hierher.

f) z. B. die Lebensbescheinigung, d. i. das Zeugniß, daß eine bestimmte Person zu einem bestimmten Zeitpunkte gelebt hat. Art. 56 Pr. G. freiw. G. Muster bei Jastrow II S. 510.

g) Will z. B. der Gläubiger seinem Schuldner, dessen Aufenthalt unbekannt ist, ein Darlehn kündigen, so kann er bei Gericht die öffentliche Zustellung der Kündigung beantragen; giebt das Gericht dem Antrage statt, so hat der Gerichtsschreiber die öffentliche Bekanntmachung zu veranlassen. § 132 B.G.B., §§ 204—206 C.P.O. Muster bei Jastrow II S. 45, 46.

h) z. B. es will ein Kaufmann die seinem Reisenden ertheilte Inkassovollmacht, da letzterer sie nicht zurückgiebt, für kraftlos erklären lassen; wird dem Antrag stattgegeben, so hat die Kraftloserklärung durch öffentliche Bekanntmachung zu erfolgen. §§ 175, 176 B.G.B., 204—206 C.P.O. Muster bei Jastrow II S. 54.

i) u. k) Art. 34 Pr. G. freiw. G. Nach dem Patent- und Konkursrecht mancher Länder (Schweden, England, Nordamerika) müssen die Gesuchsteller bei der Anmeldung von Forderungen in Konkurssachen und bei Nachsuchung von Patenten bestimmte Eide leisten, die sie vor dem ordentlichen Gerichte ihres Wohnortes (oder vor dem Notar) schwören können, auch können in solchen Fällen Zeugen und Sachverständige vernommen werden (Peters Anm. 32a).

Die eidesstattliche Versicherung behufs Ausstellung eines Erbscheins gehört in dem Falle hierher, wenn der Erbe sie vor dem Gerichte seines Wohnorts, das nicht das Nachlaßgericht ist, abgiebt.

Auch der Offenbarungseid des Rechnungslegers (§ 259 B.G.B.) und bei Herausgabe eines Inbegriffs (§ 260 B.G.B.) fällt hierunter, dagegen nicht der im Nachlaßverfahren zu leistende Eid.

l) z. B. Taxen von Landgütern.

m) Die Feststellung der Grenzen (Abmarkungen) kommt vor, wenn die Grenzen unstreitig sind, aber gegen künftige Verdunkelung gesichert werden sollen. Muster bei Jastrow II S. 154—157.

n) I. z. B. die Bestellung von Vorstandsmitgliedern eines nicht im Vereinsregister eingetragenen Vereins; doch können nur solche Vereine in Betracht kommen, die bereits vor dem Inkrafttreten des B.G.B. die Rechte einer juristischen Person erlangt haben (Art. 163 Einf.G. z. B.G.B.), für die also bei Gericht keine Akten existiren. Fehlt einem nicht rechtsfähigen Vereine der Vorstand, so kann das Gericht vor seiner ihm erst Rechtsfähigkeit verleihenden Eintragung nicht einschreiten. Der von Peters in Anm. 35a angeführte § 29 B.G.B. faßt lediglich rechtsfähige Vereine ins Auge. Vgl. auch Rosenthal S. 23 Anm. 1.

II. z. B. die Verbodmung, d. i. das von einem Schiffer, der sich außerhalb des Heimathshafens befindet, zwecks Ausführung der Reise eingegangene Darlehnsgeschäft, §§ 682—686 H.G.B., § 145 Reichsges. freiw. G.

III. z. B. die Verklarung. Darunter ist der Bericht zu verstehen, den der Schiffer, um das Vorhandensein der großen Havarie (Schiffsunfall) nachzuweisen, beim Amtsgericht des Bestimmungs- oder Nothhafens zu erstatten hat und die darauf folgende Vernehmung der Mannschaften, §§ 522—525, 555 H.G.B. Muster bei Jastrow II S. 463. Die bei dem Amtsgericht angemeldete Verklarung, bei welchem das Schiff eingetragen ist, geht selbstredend, ohne daß sie in das Beurk.Reg. eingetragen wird, zu den Registerakten.

IV. In Firmensachen wird das Beurk.Reg. nur selten zur Anwendung gelangen. Peters führt den einen Fall an, wenn eine Person eine ihr nicht zustehende Firma gebraucht. (Anm. 36a).

9. a) S. Tab. VI 2—9 d. Hauptübers. und Nr. 28 d. Bemerk. dazu. Darnach sind die vom Gerichtsschr. und Gerichtsvollz. aufgenommenen Handlungen schon im Laufe des Jahres durch fortlaufende Auszählung der eingeklammerten Aktennummern zu ermitteln.

b) Der Gerichtsschr. ist auch zuständig für die Beglaubigung von Abschriften und Auszügen, Art. 35, 54, 56, 57 Pr. G. freiw. G. Muster bei Jastrow II, S. 506 bis 508. Selbstredend ist die Beglaubigung einer Abschrift nur dann in das Beurk.Reg. einzutragen, wenn die Urschrift nicht von dem betreffenden Gericht aufgenommen ist.

12. Tab. VI, 8—9 d. Hauptübers.

13. a) Art. 46, 2 Pr. G. freiw. G. Die Ausfertigung selbst soll den Ort und den Tag der Ertheilung angeben und die Person bezeichnen, der sie ertheilt wird, Art. 46, 1 a. a. O.

18. Die Anmeldung des Austritts kann schriftlich oder zu Protokoll des Gerichtsschr., der Austritt selbst muß vor dem Richter erfolgen.

§. 45. Wechselprotestregister.

1. In das Wechselprotestregister sind die aufgenommenen Proteste nach ihrem ganzen Inhalte Tag für Tag und nach der Ordnung des Datums einzutragen; das Register ist von Blatt zu Blatt mit fortlaufenden Zahlen zu versehen (Wechsel-O. Artikel 90). Eine Eintragung der Wechselproteste in das Beurkundungsregister findet nicht statt.

2. Die **Proteste** werden dem **Antragsteller** oder der von diesem bezeichneten Person in Urschrift ausgehändigt. Die etwa zurückbleibenden Schriften nebst den Kostenrechnungen gehen zu Sammelakten.

Gemäß § 70 Pr. Ausf.G. z. G.B.G. ist der Gerichtsschr. zur Aufnahme von Wechselprotesten zuständig, er soll den Protest jedoch nur auf richterliche Anordnung vornehmen. Das Fehlen der richterlichen Verfügung hat aber auf die Gültigkeit des Protestes keinen Einfluß, da die Vorschrift eine Sollvorschrift ist; in Eilfällen wird es oft nicht möglich sein, die richterliche Verfügung abzuwarten.

§. 46. Aufbewahrung von Dienstpapieren und Protokollbüchern.

Ueber die **Aufbewahrung von Dienstpapieren** der Notare und der Gerichtsvollzieher und von Protokollbüchern der Schiedsmänner sind für jeden Notar, Gerichtsvollzieher oder Schiedsmann Generalakten zu halten; zu diesen gelangen insbesondere die Anträge auf Ertheilung von Ausfertigungen notarieller Urkunden oder schiedsmännischer Vergleiche.

§. 47. Register für Verfügungen von Todeswegen, Verwahrungsbuch.

1. Die vor dem Gericht errichteten, dem Gerichte zur amtlichen Verwahrung übergebenen, an das Nachlaßgericht abgelieferten oder dem Nachlaßgerichte nach der Eröffnung zur weiteren Aufbewahrung übersandten und die von einem anderen Gerichte zur Verwahrung abgegebenen Verfügungen von Todeswegen (Testamente und Erbverträge) sind in das nach dem Formular Nr. 20 zu führende **Register für Verfügungen von Todeswegen** einzutragen.

2. Von den **Unterspalten** der Spalte 1 sind bestimmt

a) für die Fälle des §. 2246 B.G.B., wenn die Errichtung der letztwilligen Verfügung vor dem Gerichte stattgefunden hat;

b) für die Fälle des §. 2246 B.G.B., wenn die Errichtung vor einem Notar stattgefunden hat, sowie für die Fälle der §§. 2248, 2249 B.G.B.;

c) für die Fälle des §. 2259 B.G.B.;

d) für die Fälle des §. 2261 Satz 2 B.G.B.;

e) für die Fälle des Artikel 81 §. 2 Abs. 2 Ausf.Ges. z. B.G.B. (vergl. auch Abs. 17, 18).

In amtliche Verwahrung genommene **Erbverträge** sind in entsprechender Weise einzutragen. Die Nummern in der Spalte 1 des Registers laufen fort, ohne Rücksicht darauf, in welche Unterspalte die Einstellung stattfindet.

3. Mit dem ersten Eingange sind **Akten** anzulegen; sie sind mit dem Namen des Verfügenden oder mit den Namen der mehreren gemeinschaftlich Verfügenden zu bezeichnen.

4. Zu diesen **Akten** sind alle Urkunden und Schriften zu nehmen, die sich auf die bei demselben Gericht erfolgende Errichtung, Uebergabe zur Verwahrung, Rückgabe oder Eröffnung einer Verfügung von Todeswegen der bezeichneten Personen beziehen. Ebenso gehören zu diesen Akten das Eröffnungsprotokoll und die beglaubigte Abschrift der Verfügung von Todeswegen, welche das Testamentsgericht im Falle der Uebersendung an das Nachlaßgericht zurückbehält (B.G.B. §. 2261).

5. Soweit hiernach die Schriften über eine später errichtete Verfügung von Todeswegen zu **bereits vorhandenen Akten** genommen werden (Abs. 4 Satz 1), ist dies bei der neuen Eintragung in Spalte 5 des Registers durch Vermerkung des Aktenzeichens erkennbar zu machen.

6. **Eheverträge**, mit denen zugleich ein Erbvertrag verbunden ist, werden nur in das Beurkundungsregister, nicht in das Register für Verfügungen von Todeswegen eingetragen, es sei denn, daß die Betheiligten die amtliche Verwahrung des Vertrags ausdrücklich verlangt haben (B.G.B. § 2277).

7. **Eigenhändige Testamente**, deren amtliche Verwahrung verlangt ist (B.G.B. §. 2248; A.G. z. B.G.B. Artikel 81 §. 2 Ziff. 4), werden in das Register (Abs. 1) eingetragen. Sie sind mit dem Amtssiegel zu verschließen und mit einer das Testament näher bezeichnenden Aufschrift zu versehen; die Aufschrift ist von dem Richter zu unterzeichnen.

8. Die **Anzeigen auswärtiger Gerichte** über die Verwahrung einer Verfügung von Todeswegen sind zu einem besonderen Sammelaktenstücke zu nehmen. Dieses ist für alle Anzeigen einheitlich zu führen, auch wenn die Testamentssachen unter mehrere Abtheilungen des Gerichts vertheilt sein sollten.

9. **Das Verwahrungsbuch** für Verfügungen von Todeswegen wird von dem Gerichtsschreiber geführt, dem die Geschäfte des zweiten Verwahrungsbeamten übertragen sind. Es hat folgende Spalten: 1. Laufende Nummer, 2. Jahr und Tag der Annahme, 3. Geschäfts-

nummer der Annahmeverfügung, 4. Genaue Bezeichnung der Verfügung von Todeswegen und ihres Verschlusses, 5. Geschäftsnummer der Herausgabeverfügung, 6. Jahr und Tag der Herausgabe, 7. Bezeichnung des Empfängers, 8. Bemerkungen. In Spalte 2 braucht die Jahreszahl auf jeder Seite nur einmal als Ueberschrift vermerkt zu werden.

10. Die **Annahmeverfügung** wird in Urschrift vorgelegt, sie ist zu den Testamentsakten zurückzureichen, nachdem die Annahme mit der Nummer des Verwahrungsbuchs auf ihr vermerkt ist.

11. Der **Hinterlegungsschein** (B.G.B. §. 2246 Abs. 2, §. 2277 Abs. 2; A.G. z. B.G.B. Artikel 81 §. 3 Abs. 3 Satz 2) besteht in einer wörtlichen Abschrift des Eintragungsvermerkes im Verwahrungsbuch unter der Ueberschrift „Hinterlegungsschein über eine Verfügung von Todeswegen". Der Hinterlegungsschein ist bei der Rücksendung der Annahmeverfügung dieser beizufügen und von dem Gerichtsschreiber der Testamentsabtheilung dem Erblasser auszuhändigen.

12. Die **Ausgabeverfügung** ist in Ausfertigung auf halbgebrochenem Bogen vorzulegen, sie soll außer der Geschäftsnummer die Nummer des Verwahrungsbuchs angeben, die Empfangsbescheinigung ist auf die freigelassene Hälfte der Seite zu setzen.

13. Die **Ausgabeverfügungen** sind als Belege nach der Nummernfolge des Verwahrungsbuchs aufzubewahren.

14. Die Eintragungen in den Spalten 4 und 7 des Verwahrungsbuchs sind von **beiden Verwahrungsbeamten** zu unterzeichnen.

15. Die Verfügungen von Todeswegen sind unter gemeinschaftlichem Verschlusse der Verwahrungsbeamten an einem **feuersicheren Orte** in der Nummernfolge des Verwahrungsbuchs aufzubewahren; die Nummer der Eintragung ist auf dem Umschlag einer jeden Verfügung von Todeswegen oben rechts zu bemerken.

16. Alljährlich im **Oktober** hat der zweite Verwahrungsbeamte ein Verzeichniß derjenigen Verfügungen von Todeswegen aufzustellen, die sich seit mehr als 54 Jahren in amtlicher Verwahrung befinden (A.G. z. B.G.B. Artikel 82).

17. Verlangt der Erblasser die Verwahrung einer bereits zur Verwahrung angenommenen Verfügung von Todeswegen bei **einem anderen Gerichte** (A.G. z. B.G.B. Artikel 81 §. 2 Abs. 2), so ist die Verfügung aus der Verwahrung abzulangen und nebst den Testamentsakten dem anderen Gericht unter Einschreiben zu übersenden. Der Postschein und

die Empfangsanzeige des anderen Gerichts gehen zu den im Abs. 8 bezeichneten Sammelakten.

18. Bei dem **anderen Gerichte** wird die Sache unter Fortführung der Testamentsakten neu eingetragen;[a] der früher ertheilte Hinterlegungsschein ist einzuziehen und zu den Akten zu nehmen. In dem Verwahrungsbuche des anderen Gerichts ist in Spalte 8 das Jahr zu vermerken, seit dem sich die Verfügung in amtlicher Verwahrung befindet.[b]

19. Zu dem Register für Verfügungen von Todeswegen ist ein **alphabetisches Namenverzeichniß** zu führen; in diesem ist gleichzeitig die Nummer des Verwahrungsbuchs anzugeben. In das Namenverzeichniß sind auch die Namen derjenigen Personen aufzunehmen, welche ein Testament oder einen Erbvertrag einem **auswärtigen Gerichte** zur Verwahrung übergeben haben;[a] hierbei ist auf die Stelle der Sammelakten hinzuweisen, bei denen sich die Anzeige von der Verwahrung befindet.

1. a) Verfügungen von Todeswegen sind Testamente (V. Buch, III. Abschn. B.G.B.) und Erbverträge (V. Buch, IV. Abschn. B.G.B.). Das Testament ist eine einseitige, jederzeit widerrufliche Verfügung von Todeswegen (§ 1937 B.G.B.); im Erbvertrage **bindet** sich der eine Vertragschließende dem anderen gegenüber oder es **binden** Beide sich gegenseitig an eine oder mehrere Verfügungen von Todeswegen (§ 2278 B.G.B.).

b) Abs. 1 u. 2 d. Gesch.Ord. hat durch die Allg. Verf. v. 24. Okt. 1900 (J.M.Bl. S. 617) die jetzige Fassung erhalten; es wird dadurch eine leichtere Auszählung der einzelnen Fälle für die Hauptübers. erreicht. Dabei ist zu berücksichtigen, daß Sp. 1e in der Hauptübers. nicht zur Darstellung gelangt, da sie bei dem anderen Gericht gezählt wird. S. Nr. 30 d. Bemerk. z. Hauptübers.

2. a) Die Errichtung vor dem Richter erfolgt in der Weise, daß der Erblasser seinen letzten Willen mündlich erklärt oder eine Schrift mit der Erklärung übergiebt, daß sie seinen letzten Willen enthalte. Die Schrift kann offen oder verschlossen übergeben werden, sie kann vom Erblasser oder einer anderen Person geschrieben sein (§ 2238 B.G.B.). Es bestimmt ferner § 2246 B.G.B., daß das über die Errichtung aufgenommene Protokoll nebst Anlagen, insbesondere im Fall der Errichtung durch Uebergabe einer Schrift nebst dieser Schrift, von dem Richter in Gegenwart der übrigen mitwirkenden Personen mit dem Amtssiegel verschlossen, mit einer das Testament näher zu bezeichnenden Aufschrift, die von dem Richter zu unterschreiben ist, versehen und in amtliche Verwahrung gebracht und daß dem Erblasser der Hinterlegungsschein ertheilt werden soll.

Ueber die Verwahrung s. Art. 81 Pr. Ausf.G. z. B.G.B.

Ein Unterstreichen der fortlaufenden Nummern, wie es früher vorgeschrieben war, findet natürlich nicht mehr statt.

b) Sp. b ist bestimmt für die in Verwahrung gegebenen notariellen (§ 2231, 1 B.G.B.) eigenhändigen (holographischen) (§ 2231, 2 B.G.B.) und die vor dem Vorsteher einer Gemeinde errichteten (§ 2249 B.G.B.) Testamente.

Eine bedeutsame Neueinrichtung des B.G.B. ist das eigenhändige Testament, d. h. die von dem Erblasser unter Angabe des Ortes und Tages eigenhändig geschriebene und unterschriebene Erklärung; zu ihrer Rechtswirksamkeit bedarf es der amtlichen Verwahrung nicht.

c) § 2259 B.G.B. legt Jedermann, der ein Testament im Besitz hat, die Pflicht auf, es, nachdem er vom Tode des Erblassers Kenntniß erhalten, an das Nachlaßgericht abzuliefern. — Das Nachlaßgericht ist dasjenige Gericht, in dessen Bezirk der Erblasser zur Zeit des Todes seinen Wohnsitz hatte, § 73 Reichsges. freiw. G.

d) Hat ein anderes Gericht als das Nachlaßgericht das Testament in amtliche Verwahrung, so liegt dem anderen Gericht die Eröffnung ob, letzteres hat aber das Testament nebst einer beglaubigten Abschrift des Eröffnungsprotokolls dem Nachlaßgericht zu übersenden und sich eine beglaubigte Abschrift des Testaments zurückzubehalten.

e) S. Abs. 17 u. 18. Der Erblasser kann jederzeit die Verwahrung bei einem anderen Gericht verlangen.

5. Ein Vermerk in Sp. 5 der ersten Eintragung ist nicht vorgeschrieben.

6. Für einen Erbvertrag zwischen Ehegatten oder Verlobten, der mit einem Ehevertrag verbunden, genügt die für Eheverträge vorgeschriebene Form, d. h. es bedarf nicht der Förmlichkeiten, wie sie bei Testamenten vorgeschrieben sind. Trotzdem bleibt es den Betheiligten überlassen, den Erbvertrag in amtliche Verwahrung zu geben.

7. S. Anm. 2b.

8. Das Gericht, welches ein Testament in Verwahrung nimmt, hat, wenn der Erblasser seinen Wohnsitz in dem Bezirk eines anderen Gerichts hat, dem letzteren von der Verwahrung Nachricht zu geben, Art. 81 § 2 Abs. 3 d. Pr. Ausf.G. z. B.G.B.; man verwechsele hiermit nicht den Fall des Abs. 17.

9. Wird ein gemeinschaftliches Testament nach dem Tode des einen Ehegatten eröffnet, so wird es zu verausgaben und bei der Wiederverwahrung neu einzutragen sein; der überlebende Ehegatte erhält einen neuen Hinterlegungsschein. S. Bureaubl. 1901 S. 72 Briefkasten. Hier möge die Frage ventilirt werden, ob es nicht durchaus nothwendig sei, eine Ausfertigung oder beglaubigte Abschrift des eröffneten Theiles des Testaments zu den Akten zu fertigen, um Ausfertigungen oder Abschriften, die nach der Wiederverwahrung verlangt werden, ertheilen zu können?

16. Die Dauer der Verwahrung ist auf 54 Jahre bestimmt, weil die Testirfähigkeit mit dem 16. Lebensjahre beginnt (§ 2229, 2 B.G.B.) und die normale menschliche Lebensdauer auf 70 Jahre vermuthet wird.

17. Anm. 2e.

18. a) Die Ordnungsnummern laufen selbstverständlich weiter, § 8, 1.

b) zwecks Aufstellung des im Abs. 16 vorgeschriebenen Verzeichnisses.

19. a) S. Abs. 8.

Sechster Abschnitt.

Grundbuchsachen.

§. 48. Grundakten.

1. Alle auf ein Grundbuchblatt sich beziehenden Schriften sind zu den **Grundakten** (§. 34 Abs. 1 der Allgemeinen Verfügung vom 20. November 1899 — Just.-Minist.-Bl. S. 349) zu nehmen, die zu dem Blatte gehalten werden. Das **Grundbuch** vertritt das Aktenregister.

2. Die den Grundakten beizufügende **Tabelle** (§. 34 Abs. 2 der Allgemeinen Verfügung vom 20. November 1899) ist in einen Umschlag von starkem Papiere zu heften und unter dem Deckel des letzten Aktenbandes zu verwahren.

3. Ist eine nähere Angabe über die Wohnung eines Berechtigten gemacht worden oder zeigt ein Berechtigter die Veränderung seiner Wohnung oder die Bestellung eines Vertreters oder Zustellungsbevollmächtigten zu den Grundakten an, oder wird die Wohnungsänderung eines Berechtigten, eines Vertreters oder Zustellungsbevollmächtigten dem Grundbuchamt anderweit in hinlänglich sicherer Weise bekannt, so sind diese Angaben auf einem besonderen Blatte (**Wohnungsblatt**) zu vermerken. Das Wohnungsblatt ist vor der Tabelle in den Umschlag (Abs. 2) zu heften.

4. Die **Schließung** des Grundbuchblatts ist auf dem Aktendeckel erkennbar zu machen.

5. Die Abschriften des **Flurbuchs** und der Gebäudesteuerrolle und die alljährlich den Amtsgerichten zugehenden Flurbuchs- und Gebäudesteuerrollen-Anhänge und Artikelverzeichnisse sind mit den sich darauf beziehenden Schriften zu besonderen Generalakten zu nehmen, welche für jeden Grundbuchbezirk getrennt zu halten sind. Einer Inhaltsübersicht (§. 8 Abs. 14) bedarf es für diese Generalakten nicht.

6. Zur Kontrole der im Abs. 5 bezeichneten Eingänge ist für den Gerichtsbezirk ein gemeinschaftliches **Generalaktenstück** zu halten. Mit diesem ist alljährlich eine Uebersicht vorzulegen, aus der sich der Eingang und die Erledigung der Rollen, Anhänge und Verzeichnisse ergiebt.

7. Soweit für gewisse Grundstücke ein Grundbuchblatt weder angelegt noch in der Anlegung begriffen ist, werden die auf solche Grundstücke sich beziehenden Schriften gemeindeweise zu **Sammelakten** vereinigt.

8. Wegen des **Gewerkenbuchs** und der Aufbewahrung und Ausfertigung von Kuxscheinen bewendet es bei den bestehenden Vorschriften.

1. §§ 873—928 B.G.B., Reichsgrundb.Ord. v. 24. März 1897, Pr. Ausf.G. dazu v. 26. Sept. 1899, Königl. Verord. v. 13. Nov., J.M.Verf. v. 20. Nov. 1899. Siehe Fischer, Grundb.Ord. Das gesammte Verfahren findet sich systematisch dargestellt in Fidler's Leitfaden S. 450 ff.

2. Die Tabelle ist nicht mehr wie früher einzuheften.

4. § 90, 2 Reichsgrundb.Ord. §§ 17, 18, 20 d. J.M.Verf. v. 20. Nov. 1899.

7. z. B. bei fiskalischen Grundstücken.

§. 49. Urkundenverwahrung.

1. Müssen **Urkunden** längere Zeit bei dem Gericht aufbewahrt werden, ohne daß sie zu den Grundakten geheftet werden können, so sind sie in einem Umschlage zur besonderen **Verwahrung** zu nehmen. Auf dem Umschlag ist die Geschäftsnummer des Schriftstücks, mittelst dessen die Einlieferung der Urkunden zu den Grundakten erfolgt ist, anzugeben.

2. Die **Annahme der Urkunde** zur besonderen Verwahrung und demnächst auch die Herausgabe aus der Verwahrung wird in den Grundakten auf dem Nummernverzeichnisse vermerkt; die Bescheinigung über die Herausgabe gelangt zu den Grundakten, ihre Ordnungsnummer ist auf dem Schriftstücke, mit dem die Urkunde eingeliefert ist, zu vermerken.

3. Die besonders verwahrten Urkunden befinden sich unter dem **Verschlusse des Grundbuchführers**.

§. 50. Eigenthümerverzeichniß.

1. Für den Bezirk des Gerichts ist ein **alphabetisches Eigenthümerverzeichniß** zu führen. Es hat folgende Spalten: 1. Laufende Nummer, 2. Zu- und Vorname, Beruf und Wohnort des Eigenthümers, 3. Hinweis auf das Grundbuch, a) Grundbuchbezirk, b) Band, c) Blatt, 4. Bemerkungen.

2. Das **Eigenthümerverzeichniß** kann, sofern die örtlichen Verhältnisse dies wünschenswerth erscheinen lassen, für jeden Grundbuchbezirk gesondert geführt werden.

3. **Jeder Eigenthümer** ist in dasselbe Eigenthümerverzeichniß nur **einmal** aufzunehmen. Neben seinem Namen wird auf die Grundbuchblätter verwiesen.

4. Wird auf einem der Blätter ein anderer Eigenthümer eingetragen oder wird ein Grundbuchblatt geschlossen, so ist der Hinweis auf dieses Blatt **roth zu unterstreichen.**

5. Sind **sämmtliche Vermerke** in Spalte 3 gelöscht, so ist auch die Eintragung in Spalte 2 roth zu unterstreichen.

6. In den **Hohenzollernschen Landen** und in dem Bezirke des vormaligen Justizsenats zu Ehrenbreitstein verbleibt es bei den bestehenden Anordnungen über die Einrichtung der Namenverzeichnisse (Allgemeine Verfügungen vom 23. September 1873 — Just.-Minist.-Bl. S. 259 — und vom 31. Oktober 1873 — Just.-Minist.-Bl. S. 293).

§. 51. Tagebuch.

1. Der Gerichtsschreiber des Grundbuchamts (Grundbuchführer) hat über die von ihm im Grundbuche bewirkten Einschreibungen ein **Tagebuch** nach dem Formulare Nr. 21 zu führen. Hierbei sind die zu dem Formulare gegebenen Erläuterungen zu beachten.

2. Das Tagebuch dient zur Ermittelung der in den **Geschäftsübersichten**[a]) darzustellenden statistischen Angaben und bietet den Steuerbehörden die Unterlage für die Prüfung derjenigen Ansätze, welche die **Stempelabgaben** für Auflassungen berühren.

3. Ein die Spalten 1 und 7 des Tagebuchs enthaltender **Auszug derjenigen Auflassungen**, bei denen eine das Veräußerungsgeschäft enthaltende Urkunde nicht vorgelegt wurde (bloße Auflassungen), ist wegen der an die **Steuerbehörde** zu machenden Mittheilungen vierteljährlich, in Berlin monatlich, dem Richter zur weiteren Veranlassung vorzulegen.

Erläuterungen (amtliche).

1. Der Grundbuchführer verzeichnet alle ihm zugehenden Einschreibungsverfügungen beim Empfang in **Spalte 1**. Nach der Erledigung der Verfügung durch die Einschreibung im Grundbuche werden die übrigen Spalten insoweit ausgefüllt, als dies nach den in ihnen erforderten Angaben nothwendig ist (Nr. 7).

   Ausgeschlossen von der Eintragung im Tagebuche sind nur solche Einschreibungsverfügungen, deren Inhalt auf die Spalten 2 bis 6 keinen Bezug hat.

2. In **Spalte 2** wird die Zahl der Blätter angegeben, auf denen mittelst einer Eintragung des neuen Eigenthümers oder mittelst eines Uebertragungsvermerkes endgültige Eigenthumsübergänge irgend welcher Art eingeschrieben worden sind. Bei der Einschreibung des Eigenthumsüberganges mittelst eines

Uebertragungsvermerkes wird nur dasjenige Blatt gezählt, auf welches die Uebertragung erfolgt ist.

3. Hat die Veränderung des Eigenthümers eine Uebertragung der erworbenen Grundstücke auf ein anderes Blatt zur Folge oder kommen aus anderen Gründen Uebertragungen vor, so ist in Spalte 3 Unterspalte a die Zahl der übertragenen Grundstücke und in Unterspalte b die Zahl der auf diesen Grundstücken haftenden und deshalb mitübertragenen Posten darzustellen.

Als Post (Unterspalte b) gilt jeder in der ersten Hauptspalte der II. oder III. Abtheilung des Blattes, von welchem aus die Uebertragung erfolgt ist, unter einer besonderen Nummer enthaltene Eintragungsvermerk, ohne Berücksichtigung der in der zweiten Hauptspalte (Veränderungen) enthaltenen Vermerke. Bei der Feststellung der in Unterspalte b einzutragenden Zahl werden für eine gleichzeitig auf mehrere Blätter übertragene Post so viele Posten gerechnet, als Blätter bei der Uebertragung der Post in Betracht kommen.

4. In Spalte 4 wird, mit Ausschluß der Uebertragungs- und Löschungsvermerke, jeder besonders unterzeichnete, in die II. oder III. Abtheilung des Blattes eingetragene Vermerk gezählt, gleichviel, ob er der ersten oder der zweiten Hauptspalte angehört. Dabei sollen jedoch die nur auf einem Blatte bewirkten Eintragungsvermerke von denjenigen geschieden werden, welche gleichzeitig auf mehreren Blättern einzuschreiben sind. Zum Nachweise der ersteren dient die Unterspalte a, zum Nachweise der letzteren die Unterspalte b. Für eine gleichzeitig auf mehreren Blättern bewirkte Eintragung werden soviele Eintragungen gerechnet, als Blätter bei der Einschreibung in Betracht kommen.

5. In Spalte 5 wird jeder Löschungsvermerk gezählt, welcher der II. oder III. Abtheilung des Grundbuchblatts angehört, gleichviel, ob er sich auf eine Eintragung in der ersten oder in der zweiten Hauptspalte bezieht. Für einen gleichzeitig auf verschiedenen Blättern eingetragenen Löschungsvermerk werden so viele Löschungen gezählt, als Blätter bei der Einschreibung in Betracht kommen.

6. In Spalte 6 sind auch die zur Erhaltung der Uebereinstimmung zwischen dem Grundbuch und dem Steuerbuch erfolgenden Nachtragungen zur Darstellung zu bringen.

7. Die Spalte 7 weist die stattgehabten Auflassungen nach und dient gleichzeitig zur Aufstellung der an die Steuerbehörde zu übersendenden Nachweisungen (§ 17 der Allg. Verf. v. 29. Febr. 1896 — J.M.Bl. S. 63). Die Unterspalten 7d und 7e sind zur Aufnahme derjenigen Angaben bestimmt, welche der Steuerbehörde mitgetheilt werden müssen. Die Bedeutung der in der Unterspalte e anzugebenden Werthe ist dadurch erkennbar zu machen, daß ihnen der entsprechende, in der Ueberschrift ersichtliche Buchstabe vorangestellt wird. Ist eine Urkunde über das der Veräußerung zu Grunde liegende Rechtsgeschäft vorgelegt und deshalb die Versteuerung der Auflassung nicht auf Grund einer Werthangabe bewirkt worden, so sind die Unterspalten 7b bis 7e durch wagerechte Striche auszufüllen; in Spalte 7a ist der Vermerk „Aufl." einzustellen; die Grundbuchbezeichnung des aufgelassenen Grundstücks

ist in diesem Falle in Spalte 7a nur dann anzugeben, wenn sie von der in Spalte 1e vermerkten Nummer der Grundakten abweicht.

8. Wenn für Grundstücke, welche in dem Grundbuche noch nicht verzeichnet stehen, ein neues Blatt angelegt wird, so ist die dieserhalb ergehende Verfügung nur in Spalte 1 zu verzeichnen; die dabei vorkommenden, in den Spalten 2 bis 4 erwähnten Geschäfte bleiben von der Zählung ausgeschlossen. In solchen Fällen ist eine 0 in die erwähnten Spalten bei der Erledigung der Verfügung einzuschreiben, theils um ersichtlich zu machen, daß sie erledigt worden ist, theils um die Angelegenheit als Grundbucheinrichtungssache zu kennzeichnen.

2. a) Tab. V, 16–24 der Hauptübers.

3. S. Nr. 7 der vorstehenden amtlichen Erläuterungen u. Allg. Verf. v. 17. Juli 1900 (J.M.Bl. S. 505).

Siebenter Abschnitt.

Oeffentliche Register.

§. 52. Landgüter- und Höferolle.

1. Für jedes Blatt der Landgüter- und Höferolle sind mit den dazu gehörigen Urkunden und Schriften besondere Akten (Landgüter- oder Höfeakten) anzulegen. Das Aktenzeichen wird durch die Nummer der Landgüter- oder Höferolle mit Hinzufügung der Gemeinde gebildet.

2. Die Akten werden als Beistücke zu den Grundakten behandelt und auf diesen als solche bezeichnet. Die Landgüter- oder Höferolle vertritt das Aktenregister.

1. a) Die Landgüterrolle wird nur in einzelnen Gebietstheilen und Provinzen der Preuß. Monarchie geführt (in Brandenburg, Schleswig-Holstein, Schlesien und im Reg.-Bez. Cassel), die Höferolle allein in Hannover.

b) Das Höferecht und das Recht der Landgüterrolle sind beschränkte Anerbenrechte; die Beschränkung liegt darin, daß der Eigenthümer die Besitzung in die Rolle eintragen läßt.

c) Anerbenrecht ist diejenige Einrichtung, nach welchem ein ländliches Besitzthum nach dem Tode des Eigenthümers in Ermangelung einer Verfügung von Todeswegen nicht auf alle, sondern einen der gesetzlichen Erben (den Anerben) übergeht und zwar unter Bedingungen, die ihn gegenüber den anderen Erben (niedriger Annahmepreis, Gewährung eines Voraus u. s. w.) bevorzugen. S. Jastrow II. S. 529 ff.

§. 53. Sonstige Register.

1. Mit den **Urkunden** und Schriften, welche sich auf die Eintragungen und Löschungen im **Handels-,**[a] **Vereins-,**[b] **Güterrechts-,**[c] **Genossenschafts-,**[d] **Wassergenossenschafts-,**[e] **Muster-**[f] **und Schiffsregister**[g] beziehen, wird für jede Registernummer eine Blattsammlung angelegt.

2. Die zu einem Bande des Registers gehörigen **Blattsammlungen (Registerakten)** werden nach der Nummernfolge der Eintragungen in besonderen mit der Bezeichnung des Registerbandes versehenen Fächern aufbewahrt.

3. Im Falle des Bedürfnisses, insbesondere wenn zahlreiche und umfangreiche Anträge zu erwarten sind (z. B. bei Aktiengesellschaften, Vereinen, Genossenschaften), sind **Hüllen aus Aktendeckelpapier** zu verwenden.

4. Der Richter kann anordnen, daß eine zu der Abtheilung B des Handelsregisters, zu dem Vereins- oder zu dem Genossenschaftsregister gehörende **Blattsammlung in mehreren Bänden** zu führen ist, z. B. daß für die Schriftstücke, welche sich auf die Satzung, auf die Mitglieder des Vorstandes und die Liquidatoren, auf die Eintragungen in die Liste der Genossen u. s. w. beziehen, je ein besonderer Band angelegt wird. Diese Bände werden durch a, b, c u. s. w. bezeichnet.

5. Den Registerakten kann, wenn sie einen größeren Umfang annehmen, nach näherer Anordnung des Richters eine **Inhaltsübersicht** vorgeheftet werden. Die Inhaltsübersicht ist nach den einzelnen Gegenständen, auf die sich die Schriftstücke beziehen, zu ordnen; sie wird bei Registerakten, die in mehreren Bänden (Abs. 4) geführt werden, für jeden Band besonders angelegt.

6. Der Registerband vertritt das **Aktenregister.**

7. Zu den **Registerakten** sind auch die Schriften über solche richterlichen Handlungen zu nehmen, die ohne auf eine Thätigkeit bei der Registerführung unmittelbar abzuzielen, doch mit dem in dem Register vermerkten rechtlichen Verhältniß im Zusammenhange stehen, z. B. Ertheilung von Zeugnissen über den Registerinhalt, Ernennung von Vorstandsmitgliedern und Liquidatoren, Einberufung und Beurkundung von Generalversammlungen, Ordnungsstrafverfahren u. dergl.

8. Die **Belegblätter** über öffentliche Bekanntmachungen können zu einem besonderen Hefte vereinigt der Blattsammlung beigefügt werden.

Auf das Heft ist auf dem Umschlage der Blattsammlung unter dem Nummernverzeichnisse durch den Vermerk „B H" (Belegheft) hinzuweisen.

9. Werden mehrere Eintragungen, die zu verschiedenen Registernummern gehören, durch eine gemeinschaftliche Bekanntmachung veröffentlicht, so sind die Schriften und Belegblätter, welche sich auf die Sammelbekanntmachung beziehen, zu der Blattsammlung der in der Bekanntmachung zuerst genannten Registernummer zu nehmen. In den übrigen Blattsammlungen (zutreffendenfalls auf dem Belegheft) ist zu vermerken, wo sich die Belegblätter befinden.

10. Ueber die Ertheilung von Zeugnissen des Inhalts, daß eine gewisse Eintragung im Register nicht vorhanden sei, sind, insoweit die eingehenden Schriftstücke nicht zu vorhandenen Registerakten genommen werden können, Sammelakten zu führen.

11. Gehört ein Ort oder eine Gemeinde zu den Bezirken verschiedener Registergerichte, so ist bei jedem der betheiligten Gerichte ein Generalaktenstück zu halten, zu dem das Verzeichniß der in den Registern der anderen betheiligten Gerichte eingetragenen Firmen aus diesem Orte oder aus dieser Gemeinde sowie die Nachrichten über die neue Eintragung solcher Firmen zu nehmen sind. Dem Aktenstück ist ein alphabetisches Firmenverzeichniß vorzuheften.

12. Nach der endgültigen Löschung der entsprechenden Registereintragungen sind die Blattsammlungen, deren Weglegung verfügt ist (§. 7 Abs. 21), nach Registerbänden getrennt, bis zum Schlusse des Geschäftsjahrs in einem für wegzulegende Registerakten bestimmten Fache aufzubewahren. Die Weglegung wird erst ausgeführt, sobald die Zahl der Löschungen für die Geschäftsübersicht ermittelt ist; die fernere Aufbewahrung geschieht in der Nummernfolge des Registerbandes in einem für weggelegte Registerakten bestimmten Fache.

13. Mit den zu den Börsenregistern für Waaren (A) und für Werthpapiere (B) gehörenden Schriften werden für jedes Register besondere Sammelakten angelegt (§. 4 der Bekanntmachung des Reichskanzlers vom 9. Oktober 1896 — Just.-Minist.-Bl. S. 327), zu denen nach der Zeitfolge alle auf die Registereintragungen sich beziehenden Schriftstücke, Belegblätter u. s. w. gelangen. Der Richter bestimmt, ob zu einzelnen Eintragungsnummern besondere Blattsammlungen zu bilden sind.

14. Die Sammelakten (Abs. 13) führen das Aktenzeichen, welches sich aus ihrer Eintragung in das Verzeichniß der Generalakten ergiebt;

bei den besonderen Blattsammlungen wird das Aktenzeichen durch die abgekürzte Bezeichnung des Registers (§. 7 Abs. 6) und die Nummer der Eintragung gebildet.

15. Mit dem jeweilig neuesten Bande der **Sammelakten** ist ein nach der Zahlenfolge geordnetes **Verzeichniß** der **noch** zu Recht bestehenden Eintragungsnummern zu verbinden; die Anlegung einer besonderen Blattsammlung wird in diesem Verzeichnisse durch den Vermerk „Bl S“ bei der entsprechenden Eintragungsnummer erkennbar gemacht; gelöschte Eintragungsnummern sind roth zu unterstreichen.

16. Zu den Registern sind **alphabetische Verzeichnisse** der Namen und Firmen zu führen. Für die beiden Abtheilungen des Handelsregisters besteht ein gemeinschaftliches Namen- und Firmenverzeichniß. Nach der Löschung der Eintragungen ist der Name oder die Firma, wenn aber die Löschung sich nur auf einzelne von mehreren Registernummern bezieht, der Hinweis auf die Registernummer roth zu unterstreichen. Für das Güterrechtsregister ist das Namenverzeichniß nach den Namen der Ehemänner, und zwar stets einheitlich für den ganzen Gerichtsbezirk, zu führen.

1. a) HRA, HRB. S. §§ 125 ff. Reichsges. freiw. G., Art. 29 Pr. G. freiw. G., § 33 Grundb.Ord., Allg. Verf. v. 7. Nov. 1899 S. 313. In Abth. A gehören die Firmen der Einzelkaufleute, der offenen Handelsgesellschaften und der Kommanditgesellschaften, in Abth. B die Aktiengesellschaften, die Kommanditgesellschaften auf Aktien, die Gesellschaften mit beschränkter Haftung und die in den §§ 33, 36 H.G.B. bezeichneten juristischen Personen. S. Fidler, Leitfaden Nr. 948 ff.

Das Prokurenregister ist fortgefallen.

b) VR. S. §§ 55–79 B.G.B., §§ 159 ff. Reichsges. freiw. G., Art. 29 Pr. G. freiw. G. Allg. Verf. v. 6. Nov. 1899 (J.M.Bl. S. 299).

Das VR ist eine Neueinrichtung des B.G.B. und betrifft nur solche Vereine, deren Zweck nicht auf einen wirthschaftlichen Geschäftsbetrieb gerichtet ist. Die Eintragung giebt dem Verein Rechtsfähigkeit, dadurch wird er zur juristischen Person und darf unter seinem Namen Rechte, insbesondere Eigenthum und andere dingliche Rechte an Grundstücken erwerben, vor Gericht klagen, Verbindlichkeiten eingehen, für welche nur das Vermögen des Vereins haftet (§ 21 B.G.B.). Es sind dies Vereine mit sogenannten „idealen Tendenzen“ wie z. B. Wohlthätigkeits-, Mäßigkeits-, Kunst-, Theater-, Turn-, Stenographen-Vereine. Im Gegensatz dazu erlangen Vereine mit wirthschaftlichem Geschäftsbetriebe nur Rechtsfähigkeit durch staatliche Verleihung, sofern sie überhaupt unter die Herrschaft des B.G.B. fallen und nicht unter die bisherige Gesetzgebung, wie z. B. die Erwerbs- und Wirthschaftsgenossenschaften unter das Genossenschaftsgesetz. Vgl. auch Rosenthal S. 21–23.

c) GR. S. §§ 1558–1563 B.G.B., §§ 161, 162 Reichsges. freiw. G., Art. 29 Pr. G. freiw. G. Allg. Verf. v. 6. Nov. 1899 (J.M.Bl. S. 299, 301–304) [über ehel. Güterrecht s. §§ 1363–1557 B.G.B.]. Ebenso wie das VR ist auch das GR eine Neueinrichtung des B.G.B., es ist ein zum Schutze dritter Personen gegenüber den Vereinbarungen der Eheleute über ihren Güterstand und im Interesse der Verkehrssicherheit geschaffenes Institut. Durch den Ehevertrag können Ehegatten und Verlobte ihren Güterstand beliebig ordnen. Ein solcher Vertrag erlangt aber dritten Personen gegenüber erst Rechtswirksamkeit durch die Eintragung in das GR und die darauf folgende öffentliche Bekanntmachung. Vgl. auch Rosenthals Vorbemerk. zum 6. Tit. des B.G.B.

d) GnR. S. § 10 ff. d. Genossensch.G., §§ 147, 148 Reichsges. freiw. G., Art. 29 Pr. G. freiw. G., Allg. Verf. v. 8. Nov. 1899 (J.M.Bl. S. 334—336).

e) WR. S. Ges. v. 1. April 1879 (G.S. S. 297), Allg. Verf. v. 9. Sept. 1879 (J.M.Bl. S. 337).

Wassergenossenschaften werden gebildet zur Benutzung und Unterhaltung von Gewässern, zur Ent- oder Bewässerung von Grundstücken u. s. w. Einzutragen sind nur die „freien" Genossenschaften, während die „öffentlichen" unter der Aufsicht der Verwaltungsbehörden stehen.

f) MR. S. Ges. v. 11. Jan. 1876 (R.G.Bl. S. 11) u. J.M.Bl. S. 194 für 1876.

Die Eintragung in das MR dient zum Schutze des Urhebers gegen Nachahmung. Die Anträge sind nach Tag und Stunde zu präsentiren.

g) I. SSR. S. Ges. v. 22. Juni 1899 (R.G.Bl. S. 319), §§ 100—124 Reichsges. freiw. G., §§ 1259—1272 B.G.B., Art. 29 Pr. G. freiw. G., Allg. Verf. v. 11. Dez. 1899 (J.M.Bl. 753). Einzutragen sind Kauffahrteischiffe, die die Reichsflagge führen dürfen und Seestraßen befahren.

II. BSR. S. Ges. v. 15. Juni 1895 (R.G.Bl. S. 301) u. Bekanntmach. v. 20. Mai 1898 (R.G.Bl. S. 369).

7. Stets wird vorausgesetzt, daß Registerakten vorhanden sind, andernfalls kann das Beurk.Reg. (IV) oder das Reg. VI (§ 54) in Betracht kommen.

13. BöRA, BöRB. S. Ges. v. 22. Juni 1896 (R.G.Bl. S. 170).

Die Anträge zu den einzelnen Registernummern laufen also durcheinander.

§. 54. Aktenregister für Register-Angelegenheiten.

1. Das **Aktenregister für Register-Angelegenheiten** ist nach dem Formular Nr. 22 zu führen. In dieses sind solche Anträge auf Eintragung in eines der im §. 53 bezeichneten Register aufzunehmen, welche sich nicht auf eine bereits vorhandene Eintragung beziehen. Ferner sind darin Schriftstücke einzutragen, die solche auf die Führung der öffentlichen Register sich beziehenden Angelegenheiten betreffen, für welche besondere Registerakten noch nicht angelegt sind.

2. Insbesondere ist z. B. das **Ordnungsstrafverfahren** dann in das Aktenregister für Register-Angelegenheiten einzutragen, wenn dadurch eine neue Registereintragung erst herbeigeführt werden soll,[a)] während es

lediglich zu den Registerakten (§. 53 Abs. 2) gehört, wenn die Ergänzung, die Berichtigung oder die Löschung einer schon vorhandenen Eintragung in Frage kommt.

3. Mit den eingehenden Schriften sind **Blattsammlungen** anzulegen. Wird der Antrag demnächst durch Eintragung in eines der vorbezeichneten Register (§. 53) erledigt, so geht die **Blattsammlung** zu den **Registerakten**. Das bisherige Aktenzeichen ist zu durchstreichen und die Abgabe in Spalte 4 des Aktenregisters zu vermerken.

4. **Mittheilungen** der Handelskammern oder der kaufmännischen Korporationen, welche sich nicht auf eine einzelne Firma beziehen, sind zu **Generalakten** zu nehmen. Der Richter kann anordnen, daß auszugsweise Abschriften einer solchen Mittheilung zu Registerakten zu nehmen oder behufs Einleitung einer neuen Angelegenheit des Registers VI vorzulegen sind.

1. Dieses Register ist gewissermaßen ein Zwischenregister bis zur endgültigen Eintragung in eines der Register des § 53. Peters bezeichnet es als eine Art Eingangsregister. Liegt eine Eintragung im Beurk.-Reg. oder in einem der vorgedachten Register bereits vor, so ist seine Anwendung ausgeschlossen.

2. a) Z. B. wenn ein Kaufmann, der zur Eintragung seiner Firma verpflichtet ist, sich weigert, sie eintragen zu lassen. S. Fidler, Leitfaden Nr. 1034.

3. Die Blattsammlung des Registers VI ist den Registerakten vorzuheften oder als Beistück zu führen. Peters Anm. 9—11.

§. 55. Standesregister und Kirchenbücher.

1. Schriften, die zu den vom Gericht aufbewahrten **Standesregistern**[a)] und **Kirchenbüchern** eingehen, werden, nach Standesamtsbezirken und Kirchspielen gesondert, zu Sammelakten vereinigt.

2. Die **Einschreibung** und Beglaubigung nachträglicher Eintragungen im standesamtlichen Nebenregister sowie die Ertheilung von Auszügen aus diesem liegt dem Gerichtsschreiber selbständig ob (§. 24 der Bekanntmachung des Bundesraths vom 25. März 1899 — Reichs-Gesetzbl. S. 225).

1. a) S. § 14 ff. Ges. v. 6. Febr. 1875 (R.G.Bl. S. 23).

Achter Abschnitt.

Nachlaß- und Theilungssachen.*)

§. 56. Register für Nachlaß- und Theilungssachen.

1. Das Register für Nachlaß- und Theilungssachen ist nach dem Formular Nr. 23 zu führen. Mit den eingehenden Schriften werden Blattsammlungen angelegt.

2. In Theilungssachen können Hüllen aus Aktendeckelpapier verwendet werden, wenn die Blattsammlung mehr als 10 Ordnungsnummern umfaßt.

3. Unter VII sind die Nachlaßpflegschaften mit Einschluß der Nachlaßverwaltungen und ferner diejenigen Handlungen einzutragen, welche zur Zuständigkeit des Nachlaßgerichts gehören und weder Theile eines bereits anhängigen Verfahrens bilden, noch unter eine der Spalten VIII bis X fallen.

4. In die Spalte VII gehören daher z. B. Sicherstellungen des Nachlasses,[a)] Bestimmung einer Inventarfrist,[b)] Erzwingung der Ablieferung eines Testaments,[c)] Aufnahme oder Entgegennahme eines Nachlaßinventars einschließlich der eidlichen Bestärkung,[d)] Anordnungen in Betreff eines Testamentsvollstreckers,[e)] Bestimmung von Erklärungsfristen in den Fällen des §. 80 des Reichsgesetzes über die Angelegenheiten der freiwilligen Gerichtsbarkeit.[f)] Das Aufgebot der Nachlaßgläubiger ist dagegen als eine Angelegenheit der streitigen Gerichtsbarkeit (§. 25) zu behandeln.

5. Die Spalte VIII ist zum Nachweise der Erklärungen bestimmt, die gegenüber dem Nachlaßgericht abgegeben werden, ohne Unterschied, ob sie dem Gericht eingereicht oder von ihm zu Protokoll genommen sind, z. B. die Erklärungen über die Ausschlagung[a)] oder die Annahme[b)] einer Erbschaft oder des Amtes als Testamentsvollstrecker,[c)] die Anfechtung[d)] solcher Erklärungen, die Bestimmung der Person des Testamentsvollstreckers im Falle des §. 2198 des Bürgerlichen Gesetzbuchs, die Anfechtung einer Verfügung von Todeswegen,[e)] die Anzeige von dem Eintritte der Nacherbfolge,[f)] die Anmeldung der Forderung eines Nachlaßgläubigers (B.G.B. §. 2061), die Anfechtung einer Ehe oder der Ehelichkeit eines Kindes in den Fällen der §§. 1342, 1597 des Bürgerlichen Gesetzbuchs, die Aufhebung der fortgesetzten Gütergemein-

schaft durch den überlebenden Ehegatten, der Verzicht eines Abkömmlings auf seinen Antheil an dem Gesammtgute der fortgesetzten Gütergemeinschaft (B.G.B. §§. 1492, 1491). Jede einzelne Erklärung erhält eine besondere Nummer, jedoch sind die später eingehenden Erklärungen zu der für den Nachlaß bereits angelegten Blattsammlung abzugeben.[g]

6. **Unter IX** sind außer dem Verfahren behufs Ausstellung eines **Erbscheins**[a] auch die Fälle einzutragen, in denen die Ertheilung ähnlicher Zeugnisse, z. B. über die Fortsetzung der Gütergemeinschaft,[b] über die Befugnisse des Testamentsvollstreckers oder der in den §§. 37, 38 der Reichsgrundbuchordnung, im §. 11 Abs. 2 des Gesetzes über das Reichsschuldbuch[c] und im §. 12 Abs. 2 des Gesetzes über das Staatsschuldbuch[d] bezeichneten Zeugnisse, beantragt wird.

7. Die **Kraftloserklärung** eines Erbscheins oder eines der vorerwähnten Zeugnisse wird als Fortsetzung des früheren Verfahrens behandelt und nicht besonders eingetragen.

8. **Mehrere** auf den gleichen Erblasser sich beziehende **Blattsammlungen** der Spalte IX sind zu vereinigen.

9. In Spalte IX gehört auch das Verfahren, welches die Feststellung bezweckt, daß ein anderer Erbe als der **Fiskus** oder eine an seine Stelle tretende Körperschaft nicht vorhanden ist (B G.B. §. 1964).

10. **In Spalte X** sind die Anträge auf Vermittelung der **Auseinandersetzung** unter Miterben oder unter den Theilnehmern einer ehelichen Gütergemeinschaft oder einer fortgesetzten Gütergemeinschaft einzutragen.

11. Wird die Vermittelung einem **Notar** überwiesen, so ist die in Spalte X eingestellte Nummer zu unterstreichen. Die Abgabe der Akten an den Notar wird durch einen Versendungsbelag nachgewiesen (§. 18 Abs. 8).

12. Ist das Verfahren vor dem Notar erledigt, so werden die Akten des Notars als **Beistücke** der gerichtlichen Blattsammlung behandelt.

13. Ein von dem **Notar** beurkundeter Auseinandersetzungsvertrag ist in das gerichtliche Beurkundungsregister nicht einzutragen.

14. Wird einem Betheiligten von dem Nachlaßgericht ein **Abwesenheitspfleger** für das Auseinandersetzungsverfahren bestellt (F.G.G. §. 88), so ist die Abwesenheitspflegschaft als Theil des Auseinandersetzungsverfahrens zu behandeln; eine besondere Eintragung findet nicht statt.

15. **Vereinbarungen** zwischen **Ehegatten** oder zwischen **Miterben**, die eine **Auseinandersetzung** betreffen, denen aber ein gerichtliches Theilungsverfahren nicht voraufgegangen ist, werden in das Beurkundungsregister eingetragen; in das Register für Nachlaß- und Theilungssachen sind sie nicht aufzunehmen.

16. Wird ein **Theilungsverfahren** eingeleitet, so sind alle auf denselben Nachlaß oder die gleiche Vermögensmasse sich beziehenden **Blattsammlungen** der Spalten VII bis IX zu der Theilungssache **abzugeben**.

17. Die Verhandlungen, welche **Auseinandersetzungen** eines Ehegatten mit seinen oder seines **Ehegatten** Kindern betreffen, sind zu den etwa vorhandenen Vormundschafts- oder Pflegschaftsakten abzugeben.

18. Die **Abgabe** einer Blattsammlung ist in Spalte 3 zu vermerken.

19. Soweit einzelne der in der Ueberschrift zu den Spalten 2a bis 2c bezeichneten Geschäfte im Verlauf eines bereits **anhängigen Theilungsverfahrens** vorgenommen werden, sind sie als Bestandtheile dieses Verfahrens zu behandeln; ihre Eintragung in das Register für Nachlaß- und Theilungssachen und die Anlegung besonderer Blattsammlungen findet nicht statt.

20. Zu dem Register für Nachlaß- und Theilungssachen ist ein **alphabetisches Namenverzeichniß** zu führen.

* §§ 72—99 Reichsges. freiw. G., Art. 19—28 Pr. G. freiw. G.

Die Ueberschrift der Sp. 1 ist nicht etwa so aufzufassen, daß bei Theilungssachen (X) der Name des Erblassers wegzulassen und statt dessen die Erben als „Miteigenthümer der Theilungsmasse" aufzuführen seien; denn gerade darüber, wessen Nachlaß getheilt werden soll, muß das Register Aufschluß geben, außerdem stehen bei dem Antrage auf Erbtheilung die Erben häufig noch nicht fest, so daß die Spalte 2 nicht ausgefüllt werden könnte; die Worte „oder der Miteigenthümer der Theilungsmassen" können daher nur so aufgefaßt werden, daß, wenn kein Erblasser vorhanden ist, die „Miteigenthümer der Theilungsmasse" einzutragen sind. Diese Fälle können eintreten z. B., wenn die Gütergemeinschaft von Eheleuten durch Urtheil aufgehoben ist und sie sich in Ansehung des Gesammtgutes auseinandersetzen wollen. (Vgl. §§ 1468, 1469, 1470, 1471 B.G.B. u. § 99, 2 Satz 2 Reichsges. freiw. G.). Aus diesen Gründen kann der Ansicht von Peters (Anm. 2a, Satz 2), die Worte „Miteigenthümer der Theilungsmasse" bezögen sich auf Auseinandersetzungen überhaupt, nicht beigetreten werden. Seiner Auffassung entsprechend hat Peters auch die Musterausfüllung X 10 gehalten.

3. a) Die Nachlaßpflegschaft kann eingeleitet werden, wenn der Erbe unbekannt oder wenn ungewiß ist, ob er die Erbschaft angenommen hat (§ 1960 B.G.B.); sie muß angeordnet werden, wenn sie im Falle des § 1960, 1 B.G.B. zur Geltendmachung eines Anspruchs, der sich gegen den Nachlaß richtet, von dem Berechtigten

beantragt wird. Wird die Nachlaßpflegschaft zum Zwecke der Befriedigung der Nachlaßgläubiger eingeleitet, so liegt eine „Nachlaßverwaltung“ vor (§§ 1975, 1981 B.G.B.).

b) Ist ein Theilungsverfahren eingeleitet, dann kommt Sp. VII nicht zur Anwendung.

c) In Sp. VII gehören die Handlungen des Nachlaßgerichts, in Sp. VIII die Erklärungen der Betheiligten.

4. a) z. B. Siegelung, Hinterlegung § 1960, 2 B.G.B.

b) Die Frist wird dem Erben zur Errichtung des Nachlaßverzeichnisses bestimmt, § 1994 B.G.B.

c) § 2259 B.G.B.

d) §§ 1993, 2003 B.G.B.

e) § 2200 B.G.B.

f) In § 80 Reichsges. freiw. G. sind die Fälle der §§ 2151, 2153—2155, 2192, 2193 u. 2198, 2 B.G.B. bezeichnet.

5. a) § 1945 B.G.B. Die Erklärung ist in öffentlich beglaubigter Form abzugeben.

b) § 1943 B.G.B.

c) § 2202 B.G.B.

d) § 1955 B.G.B.

e) Die Anfechtung erfolgt durch Erklärung gegenüber dem Nachlaßgericht, § 2081 B.G.B.

f) §§ 2100, 2146 B.G.B.

g) Die Einheftung ist nicht vorgeschrieben, auf der Hülle der ersten Blattsammlung wird zu vermerken sein, welche Blattsammlungen abgegeben sind.

6. a. §§ 2353 ff. B.G.B, § 85 Reichsges. freiw. G.

b) § 1507, § 85 Reichsges. freiw. G.

c) S. Ges. v. 31. Mai 1891. Danach kann der Inhaber einer „Deutschen Reichsanleihe“ bei der Hauptverwaltung der Reichsschulden gegen Einlieferung des Schuldbriefes die Eintragung dieser Schuld in das „Reichsschuldbuch“ beantragen.

d) S. Ges. v. 20. Juli 1883.

7. Ist der Erbschein unrichtig, so ist er einzuziehen und wenn er nicht sofort erlangt werden kann, für kraftlos zu erklären. § 2301 B.G.B.

10. §§ 86—99 Reichsges. freiw. G. Die vom Gericht bestätigte Auseinandersetzung ist nach ihrer Rechtskraft ein zur Zwangsvollstreckung geeigneter Titel.

11. Art. 21 Pr. G. freiw. G.

14. Ein Abwesenheitspfleger ist einem Volljährigen zu bestellen, wenn entweder dessen Aufenthalt unbekannt oder er an der Rückkehr und der Besorgung seiner Angelegenheiten behindert ist, § 1911 B.G.B. Diese Pflegschaft fällt nicht unter „Nachlaßpflegschaften“.

15. Hiermit sind nicht die im § 91 Reichsges. freiw. G. erwähnten „Vereinbarungen über vorbereitende Maßregeln“ gemeint, sondern die Fälle zu verstehen, in denen die Betheiligten über die Erbtheilung von vornherein einig sind und nur verlangen, daß das Gericht ihre Erklärungen zu Protokoll nimmt. S. Peters Vorbemerk. zu § 56 letzter Satz.

Neunter Abschnitt.

Familienrechtliche Angelegenheiten.

§. 57. Register der Vormundschaften, Pflegschaften und Beistandschaften.

1. Das **Register** der Vormundschaften,[a] Pflegschaften[b] und Beistandschaften[c] wird nach dem Formular Nr. 24 geführt. Es kann nach Gemeindebezirken oder nach alphabetischen Abtheilungen getrennt gehalten werden; für jede Abtheilung besteht eine besondere Nummernfolge.

2. Die **Abtheilung** des Registers muß aus dem Aktenzeichen erkennbar sein, z. B. **Tempelhof XI 36** oder **A XII 27.**

3. Unter **XI** sind alle **Vormundschaften** über Minderjährige wie über Volljährige, einschließlich der vorläufigen Vormundschaften (B.G.B. § 1906), einzutragen. Bei minderjährigen ehelichen Mündeln ist in Spalte 2 stets der **Name des Vaters** einzutragen. Die vorläufige Vormundschaft ist als solche in Spalte 9 kenntlich zu machen; wird demnächst auf Grund der Entmündigung ein Vormund bestellt, so ist der die Vormundschaft als vorläufige kennzeichnende Vermerk roth zu unterstreichen, das Aktenzeichen bleibt unverändert.

4. In **Spalte XII** sind die **Pflegschaften** ohne Unterscheidung zwischen Einzelpflegschaften und dauernden Pflegschaften einzutragen, jedoch mit Ausnahme solcher Pflegschaften, die in bereits vorhandenen Vormundschafts-, Pflegschafts- oder Beistandschaftsakten[a] angeordnet werden. Nachlaßpflegschaften sind in die Spalte XII nicht einzutragen (§. 56 Abs. 3).[b]

5. In **Spalte XIII** sind die **Beistandschaften** einzutragen, gleichviel, ob der Beistand[a] für alle Angelegenheiten oder für einzelne oder für gewisse Gattungen von Angelegenheiten bestellt ist.

6. Wenn dem Pfleger oder Beistand eine **Verwaltung** von Vermögen **nicht übertragen** ist, werden die Spalten 6a bis 6d durch einen **wagerechten Strich** ausgefüllt.

7. Geht eine **anhängige Pflegschaft** oder **Beistandschaft** in eine **Vormundschaft über** oder umgekehrt, so ist die Sache als beendet zu behandeln und von neuem einzutragen. Die Akten sind unter dem neuen Aktenzeichen fortzuführen, bei der früheren Eintragung ist das neue Aktenzeichen zu vermerken.

8. Die **Akten** über Pflegschaften oder Beistandschaften, die eine nur vorübergehende Thätigkeit des Pflegers oder Beistandes in Anspruch genommen haben, sind nach der Erledigung ihres Zweckes **wegzulegen.**[a]) Wird für die gleiche Person eine neue Vormundschaft, Pflegschaft oder Beistandschaft eingeleitet oder eine Angelegenheit anhängig, die in die Spalte XIV einzutragen ist (§. 58 Abs. 2), so sind die Akten zu der **neuen Sache abzugeben.** Die Abgabe ist in Spalte 9 ersichtlich zu machen.

9. Bei der Beendigung der Vormundschaft, Pflegschaft oder Beistandschaft ist der Name des Mündels u. s. w. **roth zu unterstreichen.**

10. Für die Vormundschaften, Pflegschaften und Beistandschaften sind **Akten** anzulegen. Diesen ist außer dem Nummernverzeichniß eine **Nachweisung** (Formular Nr. 25) vorzuheften; die Spalten 5 bis 14 der Nachweisung hat der Richter auszufüllen.

11. Bei Pflegschaften und Beistandschaften, die eine nur **vorübergehende Thätigkeit** des Pflegers oder Beistandes in Anspruch nehmen, ist die Nachweisung nicht erforderlich.

12. Wird das Register nach **Gemeindebezirken** getrennt gehalten, so ist für sämmtliche Gemeindebezirke gemeinschaftlich ein alphabetisches Namenverzeichniß zu führen.

13. Behufs Ueberwachung der **Rechnungslegung, der Vermögensübersichten** und der **Volljährigkeitstermine** hat der Gerichtsschreiber jährlich bei der Anlegung des Geschäftskalenders geeignete Fristen nach den Angaben des Registers einzutragen. Ein besonderer Kalender für die Rechnungslegungen ist nicht zu führen.

14. Zu den Vormundschaftsakten eingereichte **Depotscheine** und ähnliche Urkunden hat der Gerichtsschreiber unter entsprechender Anwendung des §. 49 besonders zu **verwahren.** Werthpapiere und Sparkassenbücher, deren Rückgabe nicht sofort erfolgen kann, sind zur vorläufigen Verwahrung zu geben.

1. a) Das B.G.B. unterscheidet Vormundschaften über Minderjährige (§§ 1773 ff. B.G.B.) und über Volljährige, die entmündigt sind (§§ 1896 ff). Hervorzuheben ist, daß Volljährige, deren Entmündigung noch nicht ausgesprochen, aber beantragt ist, unter gewissen Voraussetzungen unter vorläufige Vormundschaft gestellt werden können. (§ 1906 B.G.B.)

b) S. §§ 1909 ff. B.G.B. Als Neuerung möge die sogen. Gebrechlichkeitspflegschaft über Volljährige (§ 1910 B.G.B.) erwähnt werden.

c) Gleichfalls eine Neueinrichtung des B.G.B., §§ 1684 ff.

4. a) Wird z. B. innerhalb einer Vormundschaft wegen kollidirenden Interesses ein Pfleger bestellt, so erfolgt keine Neueintragung.

b) wohl aber Abwesenheitspflegschaften (§ 1911 B.G.B.), die nicht für das Theilungsverfahren einzuleiten sind (vgl. § 56, 14).

5. a) Ueber den Umfang seines Wirkungskreises entscheidet die Bestellung. (§ 1688, 2 B.G.B.).

6. Diese Vorschrift wird nicht selten unbeachtet gelassen und statt dessen die Spalte „ohne Vermögensverwaltung" ausgefüllt. Ein solches Verfahren tritt bei Aufstellung der Hauptübersicht insofern in die Erscheinung, als die Summen der Sp. 1—15 (Tab. IX) und 29 genau übereinstimmen, während sie um die Zahl derjenigen, am Jahresschlusse noch schwebenden Sachen, in denen dem Pfleger oder Beistande eine Vermögensverwaltung nicht übertragen ist (bei Auseinandersetzungspflegschaften die Regel!), eine Vermögensverwaltung also von vornherein ausgeschlossen ist, differiren müssen; die Zahl der Sp. 29 ist also die kleinere.

8. a) Also z. B. bei Auseinandersetzungspflegschaften.

9. Es ist also nicht, wie es früher häufig zu geschehen pflegte, die ganze Eintragung zu unterstreichen.

N. B. S. Ausführliches in den Erläuterungen zum Formular.

§. 58. Familienrechtsregister.

1. Ueber die sonstigen zur Zuständigkeit des Gerichts, insbesondere des Vormundschaftsrichters, gehörigen familienrechtlichen Angelegenheiten, einschließlich der Standesamtssachen und der Zwangserziehungssachen, ist ein Register (**Familienrechtsregister**) nach dem Formular Nr. 26 zu führen. Mit den zu einer Rechtsangelegenheit gehörigen Schriften werden Blattsammlungen, für Zwangserziehungen jedoch Akten angelegt.

2. Unter XIV[a] werden diejenigen Anträge und Entscheidungen eingetragen, welche eine Fürsorge des Vormundschaftsgerichts für ein unter **elterlicher Gewalt stehendes Kind** betreffen und **weder zu einer anhängigen Pflegschaft oder Beistandschaft**[b] **gehören, noch zur Einleitung einer solchen Anlaß bieten.** Hierunter fallen insbesondere die Genehmigung eines Rechtsgeschäfts, an dem ein unter elterlicher Gewalt stehendes Kind betheiligt ist,[c] und die nach den §§. 112, 1631, 1635, 1636, 1645, 1665, 1677, 2282 des Bürgerlichen Gesetzbuchs zu erlassenden Verfügungen, sofern sie ein unter elterlicher Gewalt stehendes Kind betreffen (Pr. G.K.G. §. 91 Abs. 1).

3. Wird für dasselbe Kind demnächst eine **neue Angelegenheit** anhängig, die in Spalte XIV einzutragen ist, oder eine Vormundschaft, Pflegschaft oder Beistandschaft eingeleitet, so ist die Blattsammlung zu der neuen Sache **abzugeben.**

4. Unter XV werden alle **sonstigen Anträge** eingetragen, die auf eine dem **Vormundschaftsgericht** oder dem **Amtsgericht** auf dem Gebiete des **Familienrechts** zugewiesene Amtsthätigkeit gerichtet sind, sofern sie

nicht zu den im Abs. 2 bezeichneten Angelegenheiten der Spalte XIV gehören und auch nicht zu bereits vorhandenen oder neu anzulegenden Vormundschafts-, Pflegschafts- oder Beistandschaftsakten zu nehmen sind.

5. Hierunter fallen insbesondere die Thätigkeit des Vormundschaftsgerichts in Ansehung der persönlichen[a] oder vermögensrechtlichen[b] Beziehungen unter Ehegatten, einschließlich der Ergänzung der Zustimmung zu einem Rechtsgeschäfte, Erziehungsstreitigkeiten,[c] die Volljährigkeitserklärung[d] einer nicht unter Vormundschaft stehenden Person, die Ersetzung der elterlichen Einwilligung zur Eingehung der Ehe[e] oder der Einwilligung der Mutter zur Ehelichkeitserklärung,[f] die Aufbewahrung oder Aufnahme von Verzeichnissen des Kindesvermögens im Falle des §. 1640 des Bürgerlichen Gesetzbuchs[g] und alle sonstigen im **§. 94 des Preußischen Gerichtskostengesetzes** bezeichneten Arten der gerichtlichen Thätigkeit.

6. In Spalte XV können hiernach Angelegenheiten, die ein unter elterlicher Gewalt stehendes Kind betreffen, nur dann eingetragen werden, wenn auf sie die Vorschriften **des §. 91 Abs. 1 und des §. 93 des Preußischen Gerichtskostengesetzes keine Anwendung finden.**[a]

7. Bei der **Annahme an Kindesstatt** ist der Antrag auf gerichtliche Bestätigung auch dann unter XV einzutragen, wenn der Annahmevertrag von dem Gerichte beurkundet und deshalb bereits in Spalte I des Beurkundungsregisters nachgewiesen ist.

8. **Mehrere** nicht gleichzeitig gestellte **Anträge** derselben Betheiligten werden unter **besonderen Nummern** eingetragen; der Richter **kann** jedoch anordnen, daß die entstandenen Blattsammlungen zu einer später anhängig werdenden Angelegenheit der Spalte XV **abgegeben** werden.

9. Die **Spalte XVI** ist zur Eintragung der Angelegenheiten bestimmt, in denen eine Thätigkeit des Gerichts auf Grund des Reichsgesetzes über die Beurkundung des **Personenstandes** und die **Eheschließung** beantragt oder erforderlich wird, z. B. Beschwerden über einen Standesbeamten wegen Ablehnung einer Amtshandlung, Anträge auf Berichtigung der Standesregister, **jedoch** mit **Ausschluß** der die Verwahrung der standesamtlichen Nebenregister betreffenden Geschäfte (§. 55).

10. Die Spalte **XVII** ist zur Eintragung des Verfahrens, betreffend **die Fürsorgeerziehung Minderjähriger**, nach dem Gesetze vom 2. Juli 1900 (Gesetz-Samml. S. 264) bestimmt. Die Beschlüsse des Vormundschaftsgerichts (§§. 3, 4 des **Gesetzes**) werden durch Einstellung

eines senkrechten Striches in die Spalten 5 oder 6, die Anordnungen über vorläufige Unterbringung Minderjähriger (§. 5 a. a. O.) in gleicher Weise in der Spalte 7 festgestellt. Am Schlusse jeder Seite werden die Striche der betreffenden Spalte aufgerechnet. Entscheidungen, welche auf Anrufen des Vormundschaftsgerichts gegen einen die Aufhebung der Fürsorgeerziehung vor dem Ende der Minderjährigkeit ablehnenden Beschluß des Kommunalverbandes (§. 13 Abs. 3 a. a. O.) ergehen, werden nicht besonders eingetragen, sondern zu den angelegten Akten genommen.

11. Zu dem Familienrechtsregister, mit Ausnahme der Standesamtssachen, ist ein **alphabetisches Namenverzeichniß** zu führen.

1. Das Register ist durch die Allg. Verf. v. 24. Okt. 1900 (J.M.Bl. S. 617) hauptsächlich im Interesse der Fürsorgeerziehungen abgeändert, der Text hat im Abs. 10 eine veränderte Fassung erhalten.

2. a) Die verschiedene Bedeutung der Spalten XIV und XV macht man sich am leichtesten an der Hand des Preuß. Gerichtskostengesetzes klar: Die Angelegenheiten des § 91 gehören (selbstredend mit Ausnahme der zur Wahrnehmung einzelner Geschäfte eingeleiteten Pflegschaften und Beistandschaften) in Sp. XIV, diejenigen der §§ 94, 98, 99 in Sp. XV.

b) Ist also eine Pflegschaft oder Beistandschaft anhängig, so kommt Sp. XIV überhaupt nicht in Frage; war sie anhängig und sind die Akten weggelegt, dann ist die Angelegenheit unter XIV einzutragen und die Akten sind zu der neu anzulegenden Blattsammlung abzugeben, s. § 57, 8. Die Akten werden am zweckmäßigsten mit der Blattsammlung durch eine Schnur verbunden, welches Verfahren Peters empfiehlt; auf der Blattsammlung wird zu vermerken sein, welche Akten beiliegen. Der Grund für die Verbindung aller sich auf dasselbe Mündel beziehenden Angelegenheiten der Ziffern XI, XII, XIII, XIV ist im § 93 Pr. G.K.G. gegeben, da bei keinem Mündel, Pflegebefohlenen oder unter elterlicher Gewalt stehenden Kinde der Gesammtbetrag der nach § 91 und § 92, 1 zu erhebenden Gebühren denjenigen Betrag übersteigen darf, der nach § 92, 1 im Falle der Vormundschaft zu erheben ist. Denselben Zweck verfolgt die Vorschrift des Abs. 3 und die Allg. Verf. v. 24. Dez. 1899 (J.M.Bl. S. 869). S. Peters Anm. 5 u. 16.

An dieser Stelle sei erwähnt, daß die Angelegenheiten der Sp. XV (§ 94 Pr. G.K.G.) eine andere Behandlung erfahren; von ihnen spricht weder § 57, 8 noch die erwähnte Allg. Verf.; hieraus muß geschlossen werden, daß sie nicht zu den etwa später entstehenden Vormundschaftsakten u. s. w. abgegeben werden. Der Grund liegt in dem Umstande, daß hier eine Prüfung gemäß § 93 Pr. G.K.G. nicht zu erfolgen hat, da die Gebühren des § 94 Pr. G.K.G. stets noch besonders zu erheben sind, ohne Rücksicht darauf, ob Gebühren aus den §§ 91 u. 92 berechnet werden. Anderer Meinung ist Peters in Anm. 23. Die Vorschrift des Abs. 8, daß auf richterliche Anordnung Blattsammlungen der Sp. XV unter sich verbunden werden können, ändert an den vorstehenden Ausführungen nichts, da sie rein materielle, in den betreffenden Angelegenheiten selbst liegende Zwecke verfolgt.

c) Der elterliche Gewalthaber (der Vater oder die Mutter) bedarf zu gewissen Rechtsgeschäften für das Kind der vormundschaftsgerichtlichen Genehmigung. S. § 1643 B.G.B.; z. B. zur Verfügung über ein Grundstück.

3. S. Anm. 1. a u. b.

4. S. §§ 94, 98, 99 Pr. G.K.G.

5. a) z. B. wenn der Mann sein Recht, die Schlüsselgewalt der Frau zu beschränken, mißbraucht, § 1357, 2 B.G.B., § 94, 7 Pr. G.K.G.

b) z. B. wenn die Frau die Zustimmung zu einem Rechtsgeschäfte bezüglich der Verwaltung ihres Eingebrachten ohne Grund verweigert, §§ 1402, 1447, 1451 B.G.B., § 94, 7 Pr. G.K.G.

c) § 1634 B.G.B., § 94, 8 Pr. G.K.G.

d) § 3 B.G.B., 94, 1 Pr. G.K.G.

e) § 1308 B.G.B., vgl. auch § 1305 B.G.B. Dieser Fall wird nur vorkommen bei einer für volljährig erklärten, aber noch nicht 21 Jahre alten Frau. S. Rosenthal Anm. 12 zu § 1308 u. Anm. 5 zu § 1305 B.G.B., § 94, 2 Pr. G.K.G.

f) § 1727 B.G.B., § 94, 2 Pr. G.K.G.

g) Gemäß § 1640, 1 B.G.B. hat der Vater das seiner Verwaltung unterliegende Vermögen des Kindes, welches bei dem Tode der Mutter vorhanden ist oder dem Kinde später zufällt, zu verzeichnen und das Verzeichniß, nachdem er es mit der Versicherung der Vollständigkeit und Richtigkeit versehen hat, dem Vormundschaftsgericht einzureichen; die gleiche Verpflichtung wird der Mutter bei dem Tode des Vaters im § 1686 B.G.B. auferlegt. Gebühren entstehen nur, wenn das Verzeichniß ungenügend ist und durch eine zuständige Behörde u. s. w. neu aufgenommen wird, § 1640, 2 B.G.B., § 94, 6 Pr. G.K.G.

6. a) d. h. also mit anderen Worten, daß die vorerwähnten §§ 94, 98, 99 Anwendung finden.

7. Die Bestätigung ist stets nachzusuchen; sie wird durch das Amtsgericht ertheilt. S. §§ 1741—1772 B.G.B., die Genehmigung durch das Vormundschaftsgericht ist nur in den Fällen der §§ 1751, 1750 B.G.B. nöthig, z. B. bei Minderjährigkeit des Anzunehmenden.

8. S. vorher Anm. 2b Abs. 2.

10. Es ist stets nur eine der Spalten 5a, b, c und 6 auszufüllen. S. Tab. IX 19—23 d. Hauptübers. u. Nr. 36 d. Bemerk. dazu.

Zehnter Abschnitt.

Stiftungssachen.

§. 59. Stiftungssachen.

1. Für jede Stiftung werden Akten angelegt; diese sind in dem Verzeichnisse der Generalakten in einem besonderen Abschnitt einzutragen.

2. Holt das Nachlaßgericht die staatliche Genehmigung einer Stiftung ein (B.G.B. §. 83), so sind die dadurch entstehenden Schriftstücke zu den Testamentsakten zu nehmen.

2. Es handelt sich hierbei um die durch Testament errichteten Stiftungen. S. auch Jastrow II. S. 285.

Elfter Abschnitt.

Hinterlegung und vorläufige Verwahrung.

§. 60. Hinterlegung und vorläufige Verwahrung.

Für die geschäftliche Behandlung der Hinterlegungen und der vorläufigen Verwahrungen bei den Amtsgerichten sind die hierüber erlassenen besonderen Bestimmungen maßgebend.

Zwölfter Abschnitt.

Schlußbestimmungen.

§. 61. Schlußbestimmungen.

1. Die Bestimmungen des sechsten Abschnitts über die Behandlung der Grundbuchsachen sind nur für diejenigen Grundstücke maßgebend, für welche das Grundbuch als angelegt anzusehen ist. Im Uebrigen erfolgt die Behandlung der Grundeigenthums- und Hypothekenangelegenheiten nach den bisherigen Vorschriften.

2. Die Vorschriften über die Behandlung solcher Geschäfte, die nur in einzelnen Landestheilen vorkommen können, bleiben insoweit in Kraft, als die für jene Geschäfte maßgebenden gesetzlichen Vorschriften unberührt bleiben oder vermöge der Vorschriften über die zeitliche Wirksamkeit des neuen Rechtes noch zur Anwendung kommen können.

3. Bei dem Amtsgericht I in Berlin tritt der Amtsgerichtspräsident an die Stelle des Landgerichtspräsidenten.

4. Wenn bei einzelnen Gerichten Abweichungen von den Vorschriften dieser Geschäftsordnung durch die besonderen geschäftlichen Verhältnisse nothwendig werden, so hat der Oberlandesgerichtspräsident mit Genehmigung des Justizministers die erforderlichen Anordnungen zu erlassen.

Berlin, den 26. November 1899.

Der Justizminister.
Schönstedt.

Formulare

mit

Musterausfüllungen und Erläuterungen.

Verzeichniß der Formulare.

Formular Nr. 1. (§ 10.)

Register für Generalakten.

Nr.	Angefangen im Jahre	Bezeichnung der Akten.	Zahl der Bände.	Weggelegt im Jahre	Aufzubewahren	Bemerkungen.
1.	2.	3.	4.	5.	6.	7.
		III. Verwaltung.				
1	1879	Bauten und Reparaturen	5			
		IV. Personalien.				
		A. Richter.				
3	1900	Schulz, Amtsrichter	1			18/10 01 abg. an LG Pr zu Born

Register für Rechts=

Jährlich fortlaufende Nummer.	Tag des Ersuchens.	Tag des Einganges.	Das Ersuchen ist vom Gerichtsschreiber zu erledigen	Ersuchende Behörde. Bezeichnung.	Ersuchende Behörde. Geschäftsnummer.	Bezeichnung der Angelegenheit.
1.	2. a.	2. b.	3.	4. a.	4. b.	5.
1	19/12 00	3/1		Tilsit, L G	4 O 20/00 / 6	Walter ·/. Walter
2	2/1	4/1		Berlin, A G I.	114 S 271 / 51	Sanden, Vormundsch. S.
3	3/1	5/1		Dresden, L G	X Cg 51/00 / 13	Dietze ·/. Flohr
4	4/1	7/1		Luckau, A G	D 48/00 / 12	Strfs. ·/. Stange u. Gen.
5	5/1	8/1		Darkehmen, A G	B XI 27 / 2	Bierbaum, Vormundsch. S.
6	8/1	10/1		Wischwill, A G	X — 3/00 / 14	Riedel, Erbtheilung
7	5/1	14/1	|	München, St A I	S 71 00, 21 / 15	Strfs. ·/. Staidl
8	12/1	16/1		Berlin, Oberverw.Ger.	B X 51 00 / No. 1751	Steglitz ·/. Friedenau
9	15/1	18/1		Memel, A G	2 D 14/01 / 12	Strfs. ·/. Rosengart

Erläuterungen zum Rechtshülfe=Register.

1. Ausfüllung des amtlichen Formulars.
2. § 11, 7; Gerichtskosten sind nicht zu erheben.
3. Nunmehr sind nach der Rundverf. d. Herrn J.M.'s Ersuchen um Strafvollstreckung ins RH Reg. einzutragen, trotzdem es sich im Grunde um eine Gefängnißverwaltungssache handelt.

Formular Nr. 2. (§ 11.)

Hülfesachen. RH

Kurze Angabe des Inhalts des Ersuchens.	Tag der Erledigung.	Die Akten sind abgegeben an	Bemerkungen.
6.	7.	8.	9.
Zeugenvernehmung	15/1	A G Prenzlau	Eing. v. A G Potsdam RH 401/00 / 5 [1])
Aufnahme der Entlastung	12/1	A G I Berlin	
Zeugenvernehmung	17/1	A G Schandau	I. Zeugen-Geb.[2]) 3,50 ℳ K. R. 850/01 d. 17/1 01 Gr. II. Schreib-Geb. 0,40 „ Sa. 3,90 ℳ.
Strafvollstreckung [3])	15/3	A G Luckau	
Vernehm. über Anerkennung d. Vaterschaft	15/1	A G Darkehmen	
Vernehm. über den Beitritt zum Rezeß [4])	18/1	A G Lyck	
Beitreibung von Geldstrafe und Kosten	15/1	G.Vollz. Stratz [5])	
Zeugen- u. Sachverständ.-Vernehmung	28/1	A G Schöneberg	I. Zeugen-Geb. 15,50 ℳ K.R. 1173/01 d. 28/1 Gr. II. Sachverst.-Geb. 18,00 „ III. Schreib-Geb. 1,60 „ Sa. 35,10 ℳ.
Zeugenvernehmung	27/1	A G Gumbinnen	Eing. v. A G Insterburg, RH 14/01 / 27 Bl. S.[6])

4. Die Kosten werden bei dem ersuchenden Gericht berechnet.
5. Der Gerichtsvollzieher berichtet nicht an das ersuchte, sondern an das ersuchende Gericht bezw. er übersendet diesem die eingezogenen Beträge.
6. Es ist angenommen, daß behufs Einziehung der gegen einen Zeugen festgesetzten Ordnungsstrafe eine Blattsammlung angelegt ist, während die Akten, um die Sache nicht zu verzögern, weitergesandt sind.

Geschäfts-

Termine. 10. No-

Laufende Nummer.	Aktenzeichen.	Ordnungsnummer.	Bezeichnung der Sache.	Terminsstunde.	Name des Richters.*)	Ordnungsnummer des Protokolls oder der Erledigung und Bemerkungen.
1.	2.	3.	4.	5.	6.	7.
1	H 36/00	1	Paul, Armenrechtsgesuch	10	—	2
2	A 7/01	1	Herms ·/. Gäbler	9	Hufnagel	115 in Gen V—9, Bd. II [1])
3	A 10/01	1	Bertram ·/. Mielke	$9^1/_4$	ders.	Kein Vergleich [2])
4	E 3/01	5	Schulze, Entmünd.S.	10	Greiff	6
5	F 3/00	1	Köller, Aufgebotss.	$10^1/_2$	Braun	2
6	H 6/00	2	Lissauer ·/. Rothe [3])	$10^3/_4$	Anders	3
7	A 8/00	3	·/. Baruther Forstdiebe [4])	$10^3/_4$	Fromm	4
8	ER 6/01		Ex'sches Gesuch	10	—	ER 7/01 [5])
9	G 7/01	14	·/. Kummer u. Gen.	11	Tiburtius	15, aufgehoben [6])
10	X 15/00	11	Krause, Erbtheilung	$9^1/_2$	Stern I	12
11	W XI 27 [7])	12	Wendt, Vormundsch.S.	$11^1/_2$	Probst	13
12	S XIII 5	4	Schröder, Beistandsch.S.	$11^3/_4$	ders.	5

Erläuterungen zum Geschäfts-Kalender.

*) Bei Terminen vor dem Gerichtsschreiber ist Spalte 6 durch einen Strich auszufüllen.

1. § 23, 3 u. Peters Anm. 9 zu § 23.
2. § 23, 2 Satz 2.
3. Betrifft Vernehmung von Sachverständigen aus § 348 HandelsG.B.
4. § 17 Anm. 1a.
5. Der Antragsteller ist, da sein Gesuch unvollständig, vor den Gerichtsschr. geladen; das Protokoll erhält eine besondere ER Nummer. S. auch Peters Anm. 36c zu § 8.

Formular Nr. 3. (§ 17.)

Kalender.
vember.

Fristen.

Laufende Nummer.	Aktenzeichen.	Veranlaßt laut Ordnungsnummer	Veranlaßt am	Bezeichnung der Sache.	Befolgt oder erledigt laut Ordnungsnummer.	Bemerkungen.
8.	9.	10.	11.	12.	13.	14.
1	C 86/00	7	6/3	Schmidt ·/. Beter	8	
2	F 3/00	1	1/2	Köller, Aufgebotsf.	3	Aush.[8])
3	S XI 38			Sanden, Vormundsch.S.	12	Vollj.[9])
4	P XI 14			Pillert, " "	8	Rechnungsleg.
5	Gen II 56	114	9/11 00	Gefängn.Verw.	115	
6	V 6/00	4	1/7	Carlovitz, Test.S	5	
7	D 25/01	8	9/4	·/. Ehrlich	9	
8	G 8/01	4	3/11	·/. Friedmann	E 15/01 / 1	Haftf.[10])

6. Wie die Ueberschrift besagt, gehören derartige Vermerke hierher, die Ord.Nummer der den Termin aufhebenden Verfügung darf nicht weggelassen werden; der Uebersichtlichkeit wegen empfiehlt es sich, die laufende Nummer zu durchstreichen.
7. Peters hat in seinen Mustern die alphabetische Abtheilung des Registers den römischen Ziffern XI, XII, XIII nachgestellt, s. dagegen § 57, 2 (A XII 27).
8. § 19.
9. § 57, 13.
10. Der Amtsanwalt hat Haftfristverlängerung beantragt (G-Sache!), dann Anklage erhoben, das Gericht hat nach Eröffnung des Hauptverfahrens die Haftfortdauer beschlossen. Es empfiehlt sich, Haftsachen besonders zu bezeichnen.

Sühne-

Jährlich fortlaufende Nummer.	Tag des Einganges.	Name, Beruf und Wohnort des Antragstellers.	Name, Beruf und Wohnort des Gegners.	Gegenstand.	Terminstag.
1.	2.	3.		4.	5.
1	4/1	Walter, Emil, Handelsmann zu Thon	verehelichte Walter, Auguste, geb. Schmidt zu Thon	Ehescheidung	15/1
2	6/1	Lehmann, August, Besitzer zu Grauden	Friedrich, Carl, Kaufmann zu Britz	20/60 ℳ	18/1
3	10/1	Wilda, Hans, Schriftsetzer zu Berg	verehelichte Wilda, Amalie, geb. Ex zu Berg	Ehescheidung	25/1
4	15/1	Alexi, Fritz, Hausbesitzer zu Barby	Kumm, Albert, Pächter zu Barby	Grenzstreit 200 ℳ	29/1
5	26/1	Richter, Max, Schuhmacher zu Zern	Müller, Franz, Arbeiter zu Bernau	60/120 ℳ	7/2
6	7/2	ders.	ders.[6])	desgl.	17/2
7	14/2	Manno, Carl, Agent zu Zerbst	Stange, Richard, Rentier zu Kirchhain	700 ℳ	25/2

Erläuterungen zum Sühne-Register.

*) Wegen der Art der Ausfüllung ist der § 23 Abs. 5, 6 zu beachten.

1. Sühneversuche in Ehesachen sind stets gebührenfrei; Pfafferoth 7. Aufl., § 41, Anm. 1.
2. Da ein Vergleich aufgenommen ist, so erfolgt die Kostenberechnung zweckmäßig auf diesem, was der Vorschrift des § 23, 8 nicht widerspricht.
3. S. Anm. 1. Auch der aufgenommene Vergleich wird nicht besteuert, denn der im § 41 D.G.K.G. angezogene § 510 C.P.O. handelt nicht von Ehesachen.

Formular Nr. 4. (§ 23.)

Register. A

Ergebniß des Termins.*) Erschienen ist der Antragsteller.	Erschienen ist der Gegner.	Ein Vergleich ist aufgenommen in Ehesachen.	Ein Vergleich ist aufgenommen in anderen Sachen.	Ein Vergleich ist nicht aufgenommen in Ehesachen.	Ein Vergleich ist nicht aufgenommen in anderen Sachen.	Bescheinigung über den Sühneversuch ertheilt am	Der Vergleich befindet sich in den Sammelakten Band.	Der Vergleich befindet sich in den Sammelakten Blatt.	Bemerkungen.
6. a.	b.	c.	d.	e.	f.	7.	8. a.	b.	9.
|	—			A Richter Schulz		15/1			1)
|	|		A				I	200	2)
|	|	A					II	1	3)
									Zurücknahme 4)
—	—				A 5)				Werthgegenst. 60/120 M. Gebühr § 41 — 1,40 M K.R. 821 00 B. 8/2 01 Gr. Zahlpfl. Richter.
|	|		A				II	2	
—	—				A				Bl.S. abgegeben zu C 57/01.7)

4. Für die Zurücknahme vor dem Sühnetermin wird eine Gebühr nicht erhoben. Pfafferoth a. a. O. Anm. 6, Abs. 2 zu § 46 D.G.K.G.
5. S. § 23 Anm. 5.
6. S. § 23, 7.
7. Der Antragsteller hat mehrere Eingaben eingereicht, mit denen eine Blattsamml. gebildet werden mußte. S. auch § 25, 5. Hier erfolgt die Kostenberechnung auf der Bl.S.

Mahn-

Jährlich fortlaufende Nummer.	Name,*) Beruf und Wohnort des Gläubigers.	Name,*) Beruf und Wohnort des Schuldners.**)	Grund des Anspruchs.	Betrag des Anspruchs, — Nebenforderungen Mark	Pf.	Zinsen %	Zinsen seit	Das Gesuch ist zurückgewiesen am	Tag des Zahlungsbefehls.	Tag des Widerspruchs.	Tag des Vollstreckungsbefehls.
1.	2. a.	2. b.	3. a.	3. b.		3. c.		4.	5.	6.	7.
1	Knell, August, Gastwirth, hier	Bär, Wilhelm, Kaufmann zu Lahn	Kauf (Speisen und Getränke),	24	—	5	3/12 00		5/1	15/1 Schulz	—
			Porto		20						
2	Grotehus, Emil, Bauer zu Britz	Hahn, Victor, Knecht, das.	Schadensersatz für einen zerbrochenen Wagen	75	—	—	—		7/1	—	19/1 Schulz
3	Schramm, Leopold, Kaufmann zu Baldenburg	Zierenberg, Paul, Pferdehändler zu Lautenburg	Lieferung einer gekauften Rappstute[2])	500	—	4	Zust.	9/1			
4	Paetel, Herrmann, Hausbesitzer zu Thal	Schnabel, Karl, Schuhmacher, das.	Miethsrückstand,	30	—	—	—	10/1			
			Räumung	90	—	—	—				
5	Suttner, Gundaccar, Schlächter, hier	a) Düntzer, Heinrich, Artist, hier, b) verehelichte Düntzer, Marie, geb. Duboc, hier	Kauf (Fleischwaaren)	15	—	4	1/11 00		12/1	20/1 Schulz	28/1 Schulz

Erläuterungen zum Mahnregister.

*) Zutreffendenfalls auch der Name des Prozeßbevollmächtigten.

**) Mehrere Schuldner erhalten innerhalb derselben Nummer mehrere durch a, b, c u. s. w. zu bezeichnende Zeilen.

Formular Nr. 5. (§ 24.)

register. B

Es ist Einspruch erhoben: Aktenzeichen.	Berechnung der Kosten für den: Zahlungsbefehl: Gebühr § 37[1] Mark	Pf.	Schreibgebühren Mark	Pf.	Vollstreckungsbefehl Mark	Pf.	Die Kosten sind eingetragen in: die Einziehungsliste (Gerichtsvollzieherbezirk und Eintragungsnummer).	das Kostenregister (Nummer).	Bemerkungen.
8.	9. a.		9. b.		9. c.		10. a.	10. b.	11.
	—	50	—	10			I 524		abgegeben zu C 174/01 [1])
	1	—	—	10			I 518		
						50	I 551		
	4	—	—	[3])				721 00	
	1	—	—	—				758 00	Werth f. d. Kostenberechn.: 90 M.
	- -	20	—	10			I 531		Der Ehemann hat Widerspruch erhoben [4])
						20	I 583		

1. S. § 25, 5.
2. S. Allgem. I zu § 24.
3. Schreibgebühren entstehen nicht, da die zurückweisende Verfügung in Urschrift ausgereicht ist, § 24, 8.
4. S. § 24, 12. Gegen die Ehefrau ist der Vollstreckungsbefehl ertheilt.

Mahnregister.

Jährlich fortlaufende Nummer.	Name,*) Beruf und Wohnort des Gläubigers.	Name,*) Beruf und Wohnort des Schuldners.**)	Grund des Anspruchs.	Betrag des Anspruchs, — Nebenforderungen Mark	Pf.	Zinsen %	Zinsen seit	Das Gesuch ist zurückgewiesen am	Tag des Zahlungsbefehls.	Tag des Widerspruchs.	Tag des Vollstreckungsbefehls.
1.	2. a.	2. b.	3. a.	3. b.			3. c.	4.	5.	6.	7.
6	Dühring, Eugen, Inh. eines Einziehungsinstituts, hier	Grimm, Herrmann, Kaufmann zu Zehlendorf	Darlehn gegeben von Rentier Pariser, hier, abgetreten an den Gläubiger	85	—	5	1/4 99 v. 30 M		15/1	—	3/2 Schulz
						4	5/7 00 v. 55 M				
				V.L. 60[6])							
7	Schriewer, Georg, Makler zu Steglitz	Geistmeier, Richard, Bankier zu Werenzhain	Provision	50	—	4	Zust.		17/1	—	8/2 Schulz
8	Mann, August, Gerbermeister zu Kirchhain,	Rothe, Berthold, Gerbermeister, das.	Kauf (100 Schafleder)	300	—	4	Zust.		19/1	10/2 Schulz	12/2 Schulz
				V.L. 200		4	Zust.				

5. § 24, 15, eine Notiz in Sp. 11 ist hier selbstredend nicht erforderlich.
6. § 24, 13. Die Bezeichnung „V.L." ist dem Betrage v o r a n zustellen.

Noch: **Formular Nr. 5.** (§ 24.)

B (Fortsetzung)

Es ist Einspruch erhoben: Aktenzeichen.	Berechnung der Kosten für den Zahlungsbefehl: Gebühr § 37[1] Mark	Pf.	Schreibgebühren Mark	Pf.	Vollstreckungsbefehl Mark	Pf.	Die Kosten sind eingetragen in die Einziehungsliste (Gerichtsvollzieherbezirk und Eintragungsnummer)	das Kostenregister (Nummer).	Bemerkungen.
8.	9. a.		b.		c.		10. a.	b.	11.
C 25/01 [5])	1	—	—	10				790 00	
						30	I 595		
	—	50	—	10			I 599		
						30		821 00	Ein 2. Vollstreckungsbefehl ist dem Gläubiger am 17/8 1902 auf gerichtliche Anordnung erteilt. Schlapmann, Gerichtsschr.[7])
						30		322 02	
	2	20	—	10				851 00	Der Schuldner hat wegen 100 ℳ nebst 4 % f. Zust. Widerspruch erhoben.[8])
						80		903 00	

7. § 24, 16.
8. § 24, 12.

Civilprozeßregister.

Tag des Einganges der ersten Schrift.	Name, Beruf, Wohnort oder Aufenthaltsort des		Name des Prozeßbevollmächtigten des		Grund und Gegenstand des Anspruchs.
	Klägers.	Beklagten.	Klägers.	Beklagten.	
1.	2.		3.		4.
3/10 1897	Rex, Gustav, Gutsbesitzer zu Hof	Müller, Fritz, Besitzer zu Hof	Winter	Braun	Wegestreit 2/300 M
2/1	Kotze, August Pferdehändler zu Els	Schütze, Wilhelm, Bauer zu Call	Korn		Viehmängel 200 M
3/1	Klee, Max, Hausbesitzer, hier	Klug, Carl, Zimmermeister, hier	Wronker		Wandelung eines Werkvertrages 300 M [3])
3/1	Arndt, Hans, Kaufmann zu Burg	Horn, Carl, Besitzer zu Ahr	Lisser		Hypothek 250 M [4])
4/1	Werner, Anton, Rentier zu Britz	Timpe, Max, Schneider zu Britz	Lau		Wechsel 150 M
5/1	Stadtgemeinde zu Bernau [7])	Schnabel, Carl, Arbeiter zu Bernau			Entmündigung wegen Trunksucht
6/1	Klix, Gotthold, Besitzer zu Werenzhain		Schulze		Aufgebot v. 200 Thlr. Hypothek eingetragen auf Werenzhain I. Bl. 15, Abth. III Nr. 2
7/1	Klemt, Oskar, Rentier, hier	Schuster, Ernst, Kaufmann, hier			Kauf 125 M

Erläuterungen zum Civilprozeßregister.

*) Urkundenprozesse, die nicht Wechselsachen sind, sind zu unterstreichen; desgleichen Entmündigungssachen, wenn die Entmündigung beschlossen ist. Bei den Entmündigungssachen ist im Uebrigen die Vorschrift im § 25 Abs. 20, 21 zu beachten.

1. Es ist angenommen, daß das Register für 1901 angelegt ist; Sp. 6 darf natürlich nicht ausgefüllt werden. S. § 9, 5.

Formular Nr. 6. (§ 25.)

C, D, E, F, G, H

Jährlich fortlaufende Nummer der Rechtsangelegenheit. C Gewöhnliche Prozesse.	D Urkunden-*) und Wechsel-Prozesse.	E Entmündigungs-sachen.*)	F Aufgebots-verfahren.	G Arreste und einstweilige Verfügungen.	H Anträge außerhalb eines bei dem Gericht anhängigen Rechtsstreits.	Tag des ersten Termins zur mündlichen Verhandlung.	Zu Spalte 5a bis 5d: Die Akten sind weggelegt im Jahre	aufzubewahren bis	Bemerkungen.
5. a.	b.	c.	d.	e.	f.	6.	7. a.	b.	8.
471/97[1])						—	1901	1932[2])	
1						14/1	1901	1907	
2						14/1	1901	1907	
	1[5])					14/1	1901	1907	
	2					14/1	1901	1907	Dem Beklagten sind seine Rechte im ordentlichen Verfahren vorbehalten,[6]) vergl. C 17/01
		1[8])					1901	1932	T.[8])
			1				1901	1932	Hiermit verbunden: F 2/01 F 4/01[9])
3							1901	1907	

2. Allg. Verf. v. 6. September 1900 (J.M.Bl. S. 569) A I, § 1, 1.
3. S. § 634 B.G.B.
4. § 592, Satz 2 C.P.O.
5. § 25, 6.
6. § 25, 17a.
7. § 680, 5 C.P.O.
8. Entmündigung beschlossen, § 25, 6 u. 10.
9. Der Vermerk will andeuten, daß F 2/01 und F 4/01 bei F 1/01 bearbeitet werden.

Civilprozeßregister.

Tag des Einganges der ersten Schrift.	Name, Beruf, Wohnort oder Aufenthaltsort des Klägers.	Name, Beruf, Wohnort oder Aufenthaltsort des Beklagten.	Name des Prozeßbevollmächtigten des Klägers.	Name des Prozeßbevollmächtigten des Beklagten.	Grund und Gegenstand des Anspruchs.
1.	2.		3.		4.
8/1	Klee, Max, Hausbesitzer, hier	Klug, Carl, Zimmermeister, hier	Wronker		einstweilige Verfügung 300 ℳ
8/1	Rothe, Gotthold, Gerbermeister, hier	Kallmes, Josef, Fetthändler zu Hamburg	Höfer I u. II		Vernehmung von Sachverständigen zwecks Sicherung des Beweises [11])
9/1	Karstarpen, Eduard, Gutsbesitzer zu Burg				Antrag auf Wiederaufhebung seiner Entmündigung
9/1	Kühne, Carl, Besitzer zu Frankena		Schulze		Aufgebot des Dokuments über die auf Frankena I Bl. 7 Abth. III Nr. 2 eingetragenen 30 Thlr.
9/1	Staatsanwaltschaft zu Cottbus	Treitsch, Heinrich, Rentier zu Bernau, jetzt zu Hannover			Entmündigung wegen Geisteskrankheit
10/1	Fitzler, Curt, Kaufmann zu Britz	Georgi, Max, Kaufmann zu Britz			Beeidigung von Zeugen im schiedsgerichtlichen Verfahren [17])

10. Die einstweilige Verf. ist im Laufe des Prozesses beantragt, die Schriftstücke werden den Akten einverleibt, § 25 Anm. 8b.

11. Es ist der Fall angenommen, daß ein Waggon mit Fellen geliefert ist, die nach Ansicht des Antragstellers minderwerthig sind, s. § 488 C.O.P. Der später angestrengte Prozeß gehört vor das Landgericht, daher erfolgt keine Abgabe im Sinne des § 25, 5.

12. § 25 Anm. 20.

13. § 25, 17b. Auch in derartigen Fällen muß im Interesse der Vollständigkeit des Registers Sp. 7 ausgefüllt werden.

C, D, E, F, G, H (Fortsetzung) **Noch: Formular Nr. 6.** (§ 25.)

Jährlich fortlaufende Nummer der Rechtsangelegenheit.						Tag des ersten Termins zur mündlichen Verhandlung.	Zu Spalte 5a bis 5d: Die Akten sind		Bemerkungen.
C Gewöhnliche Prozesse.	D Urkunden-*) und Wechsel-Prozesse.	E Entmündigungssachen.*)	F Aufgebotsverfahren.	G Arreste und einstweilige Verfügungen.	H Anträge außerhalb eines bei dem Gericht anhängigen Rechtsstreits.		weggelegt im Jahre	aufzubewahren bis	
5. a.	b.	c.	d.	e.	f.	6.	7. a.	b.	8.
				1					Bei C 2/01 [10])
					1				
		2					1901	1932	(B) [12])
			2				1901	1932	Bei F 1/01 [13])
		~~3~~ [14])					—	— [15])	Dem A.G. Hannover überwiesen am 22/1 und von diesem übernommen [16])
					2				

14. Zu durchstreichen, da von einem anderen Gericht übernommen, § 25, 21.
15. Hier dürften Striche zu machen sein.
16. Die Durchstreichung der Zahl in Sp. 5c kann erst erfolgen, nachdem das andere Gericht die Sache übernommen hat oder im Beschwerdewege dazu angewiesen ist.
17. S. §§ 1025 ff. C.P.O. Das schiedsgerichtliche Verfahren ist nicht mit dem schiedsmännischen zu verwechseln, s. besonders § 1036 C.P.O. Die Abgabe der Blattsammlung zu dem später angestrengten Prozeß ist nicht vorgeschrieben, nur die im Abs. 5 § 25 näher bezeichneten Blattsammlungen werden mit den Akten über die Hauptsache vereinigt.

Nebenregister zum Civilprozeß=

A. Dauer bis zum ersten Termine für die mündliche Verhandlung.

Seite des Civil=Prozeßregisters.	Wechselprozesse					Sonstige Prozesse				
	weniger als 1 Woche.	1 Woche bis (ausschl.) 1 Monat.	1 Monat bis (ausschl.) 2 Monate.	2 bis (ausschl.) 3 Monate.	3 Monate und mehr.	weniger als 1 Woche.	1 Woche bis (ausschl.) 1 Monat.	1 Monat bis (ausschl.) 3 Monate.	2 bis (ausschl.) 3 Monate.	3 Monate und mehr.
1.	2.	3.	4.	5.	6.	7.	8.	9.	10.	11.
1	|	—	—	—	—	|	| |	—	—	—
2	|	|	—	—	—	—	| |	|	—	—
3	—	|	—	—	—	—	| |	|	|	—
4	|	| |	—	—	—	—	| |	| |	—	—
5	| |	| |	—	—	—	|	| | |	—	—	—
6	—	| |	—	—	—	—	| | |	—	|	—
7	|	| |	|	—	—	|	| | |	|	|	—
8	—	| |	|	|	—	—	| | |	|	—	—
9	| |	|	—	—	—	|	| | |	|	—	|
10	—	| |	| |	—		—	| |	|	—	—
1. Seite	8	15	4	1	—	4	25	8	3	1

Anmerkungen.

1. Zu A. und B. Als Anfangstermin für die zu berechnende Zeitdauer gilt der Tag des Einganges der ersten Schrift (§ 25 Abs. 3).
2. Zu A. Der **zuerst** bestimmte Tag des Termins zur mündlichen Verhandlung wird der Berechnung auch dann zum Grunde

Formular Nr. 7. (§ 26.)

register für das Jahr 1901.

B. Dauer bis zur Verkündung des Endurtheils.

Tag der Urtheilsverkündigung.	Aktenzeichen.	Prozeßdauer in der Instanz: weniger als 3 Monate.	3 bis (ausschl.) 6 Monate.	6 Monate bis (ausschl.) 1 Jahr.	1 Jahr bis (ausschl.) 2 Jahre.	2 Jahre und mehr.
1.	2.	3.	4.	5.	6.	7.
6/1	C 141/00	|	—	—	—	—
"	C 181/00	|	—	—	—	—
"	C 81/00	—	|	—	—	—
13/1	C 57/99	—	—	—	|	—
"	D 25/00	—	|	—	—	—
"	C 5/01	|	—	—	—	—
20/1	C 97/98	—	—	—	—	|
"	C 11/01	|	—	—	—	—
"	D 3/01	|	—	—	—	—
"	C 120/00	—	|	—	—	—
	1. Seite	5	3	—	1	1

Tag der Urtheilsverkündung.	Aktenzeichen.	Prozeßdauer in der Instanz: weniger als 3 Monate.	3 bis (ausschl.) 6 Monate.	6 Monate bis (ausschl.) 1 Jahr.	1 Jahr bis (ausschl.) 2 Jahre.	2 Jahre und mehr.
1.	2.	3.	4.	5.	6.	7.
Uebertrag		5	3	—	1	1
28/1	D 8/01	|	—	—	—	—
"	C 195/00	|	—	—	—	—
"	C 96/00	—	|	—	—	—
6/2	D 15/01	|	—	—	—	—
"	C 1/01	|	—	—	—	—
"	C 20/00	—	—	—	|	—
13/2	C 17/99	—	—	—	—	|
"	D 5/00	—	—	|	—	—
"	C 6/01	|	—	—	—	—
	1. Seite	10	4	1	2	2

gelegt, wenn der Termin später aufgehoben oder auf einen anderen Tag verlegt sein sollte.

3. Zu B. Als Endurtheil ist nur das die Sache für die Instanz erledigende kontradiktorische Endurtheil im Sinne des § 28 Abs. 7 ff. dieser Geschäftsordnung anzusehen.

Vollstreckungsregister.

Tag des Eingangs der ersten Schrift.	Name*), Beruf, Wohnort oder Aufenthaltsort des Gläubigers, zutreffendenfalls auch des dritten Antragstellers.	Name*), Beruf, Wohnort oder Aufenthaltsort des Schuldners.	Namen der Prozeßbevollmächtigten.	Gegenstand des Antrags.
1.	2. a.	2. b.	3.	4.
3/1	Kotze, August, Pferdehändler zu Els	Schütze, Wilhelm, Bader zu Call	Korn	Offenbarungseid 168 M
3/1	Katz, Albert, Kaufmann zu Born	Kluge, Wilhelm, Zimmermeister, hier		Zwangsversteigerung 20 000 M
4/1	Lustig, Hans, Hausbesitzer, hier verehelichte Wörth, Clara, geb. Tamm, zu Britz 1)	Wörth, Max, Schuhmacher zu Britz	Cohn I	Einstellung der Zwangsvollstreckung 85 M
4/1	a, (Simon,) 2) Gustav, Rentier zu Berlin b, Graaf, Georg, Gerbermeister, hier	Gläsel, Max, Gutsbesitzer zu Grünhof	Höfer	Zwangsversteigerung 75 000 M 3)
4/1	Lehmann, Georg, Hüfner zu Frankena	Karbaum, Hans, Sattler, hier	Keber	Erlaubniß 5) zur Zwangsvollstreckung am Sonntag 375 M 6)

Erläuterungen zum Vollstreckungsregister.

*) Der Name des Antragstellers ist zu unterstreichen.

**) Hierher gehören auch Anordnungen aus § 769 Abs. 2 der Civilprozeßordnung.

1. Eine Bezeichnung durch a und b erscheint hier nicht angängig, da der Gläubiger und die Antragstellerin in keiner Rechtsgemeinschaft stehen. S. auch Peters Beispiele M 2 u. J 1.

Formular Nr. 8. (§ 27.)

J, K, L, M

Jährlich fortlaufende Nummer der Rechtsangelegenheit.				Zu Spalte 5a bis c: Die Akten sind		Bemerkungen.
J	K	L	M			
Vertheilungsverfahren.	Zwangsversteigerungen von unbeweglichen Gegenständen.	Zwangsverwaltungen von unbeweglichen Gegenständen.	Andere Anträge, betreffend Zwangsvollstreckung**).	weggelegt im Jahre	aufzubewahren bis	
5. a.	b.	c.	d.	6. a.	b.	7.
			1			
	1			1901	1912	
			2			
	2			1901	1906[4])	
			3			

2. Der betreibende Gläubiger hat den Antrag zurückgenommen, das Verfahren wird auf Grund des Beitritts des b fortgesetzt; dessen Name wird ebenfalls zu unterstreichen sein, da er nunmehr als Antragsteller auftritt. § 27,4.
3. Die Bezeichnung des Grundstücks verlangt die amtliche Probeausfüllung nicht. S. K 1.
4. Es ist angenommen, daß der Zuschlag nicht ertheilt ist, daher werden die Akten schon nach 5 Jahren vernichtet. S. Allg. Verf. v. 6. September 1900 (J.M.Bl. S. 569) A, I § 2,6.
5. §§ 761, 764 C.P.O.
6. Nach der amtlichen Ausfüllung ist auch in M-Sachen der Werth anzugeben. S. M 1.

Vollstreckungsregister.

Tag des Eingangs der ersten Schrift.	Name*), Beruf, Wohnort oder Aufenthaltsort des Gläubigers, zutreffendenfalls auch des dritten Antragstellers.	Name*), Beruf, Wohnort oder Aufenthaltsort des Schuldners.	Namen der Prozeßbevollmächtigten.	Gegenstand des Antrags.
1.	2. a.	2. b.	3.	4.
5/1	Brandt, Gebr., Firma zu Stettin	Schlau,[7]) Gustav, Agent zu Werenzhain	Meyer	Erinnerung gegen den Kostenansatz des Gerichtsvollziehers Lübcke[8]) — 20 ℳ
6/1	Kühne, Carl, Rentier zu Dobrilugk	Bauer, Max, Besitzer zu Prießen	Sello	Zwangsverwaltung 470 ℳ[9])
7/1	Mann, August, Schlächtermeister zu Frankfurt a./O.	a, Schulze, Richard, Kaufmann zu Kirchhain b, verehelichte Schulze, Clara, geb. Klix zu Kirchhain.		Pfändung und Ueberweisung einer Geldforderung 175 ℳ

7. Hier ist der Schuldner Antragsteller.
8. § 766, 2 C.P.O.

Noch: **Formular Nr. 8.** (§ 27.)

J, K, L, M (Fortsetzung)

Jährlich fortlaufende Nummer der Rechtsangelegenheit.				Zu Spalte 5a bis c: Die Akten sind		Bemerkungen.
J Vertheilungsverfahren.	K Zwangsversteigerungen von unbeweglichen Gegenständen.	L Zwangsverwaltungen	M Andere Anträge betreffend Zwangsvollstreckung**).	weggelegt im Jahre	aufzubewahren bis	
5. a.	b.	c.	d.	6. a.	b.	7.
			4			
		1		1901	1912	
			5			

9. Betrag der Forderung des Gläubigers.

Terminstag: 14/1. **Kalender für mündliche**

Laufende Nummer für jeden Tag.	Aktenzeichen.	Name des Klägers.	Name des Beklagten.	Terminsstunde.	Name des Prozeßbevollmächtigten des Klägers.	Name des Prozeßbevollmächtigten des Beklagten.	Jährlich fortlaufende Nummer für kontradiktorische Verhandlungen.
1.	2.	3. a.	3. b.	4.	5. a.	5. b.	6.
1	C 71/00	König	Lehmann	9	Schulze		1
2	C 3/01	Berg	Müller	9½		Höfer	
3	C 4/01	ders.	ders.	9½		ders.	
V.T.II) 4	C 9/01	Kalz	Gebhardt	9¼	Lindstedt		
5	D 3/01	Schramm	Stange u. Gen.	9¾	Klemt		2
6	C 81/00	Schriever	Lübcke	10½	Sello		
7	C 11/01	Zühlke	Krohn	10	Stambrau		3
8	C 5/01	Mann	Holz	10¼		Schulze	4
9	C 31/00	Zierenberg	Lackner	10¾	Renscher	Schulz	
x) ~~10~~	C 15/01	Müller	Lange	10¾			

Erläuterungen zum Kalender für mündliche Verhandlungen:

*) Vorschriften über die Ausfüllung der Spalten 7a bis 7f und 8 sind in § 28 Abs. 7 bis 16 enthalten.

I. Diese Sache ist mit C 3/01 verbunden, § 28, 13.

II. § 28, 3 u. 16. Es ist ein Urtheil ergangen, das in Sp. 7b bei dem früheren Termine einzustellen ist.

III. Da keine Verhandlung stattfindet, ist Sp. 8 auszufüllen.

IV. Gegen den einen nicht erschienenen Beklagten ist Versäumnißurtheil erlassen, bezüglich des Anderen Vertagung beschlossen. Ein Unterstreichen der in Sp. 7a eingestellten Buchstaben findet nicht statt.

V. Der Termin ist von Amtswegen vertagt. S. § 28, 14 letzter Satz.

VI. Es ist verhandelt, wegen eines Theiles vergleichen sich die Parteien, wegen des anderen Theilbetrages ergeht Theilurtheil, wegen des Restes Beweisbeschluß. S. § 28, 7.

Formular Nr. 9. (§ 28.)

Verhandlungen.

Ergebnisse der mündlichen Verhandlung.*)						Erledigung des Termins ohne mündliche Verhandlung.	Das Urtheil ist zur Gerichtsschreiberei gekommen am	Tag des Aushanges des Urtheilsverzeichnisses.	Bemerkungen.
Endurtheile auf Versäumniß, Verzicht, Anerkenntniß und zur Erledigung eines bedingten Urtheils.	Andere Endurtheile.	Zwischenurtheile, welche nicht in Betreff der Rechtsmittel als Endurtheile anzusehen sind.	Vergleiche.	Beweisbeschlüsse.	Anderweitige Ergebnisse.				
7.									
a.	b.	c.	d.	e.	f.	8.	9.	10.	11.
	C 1)						15/1	18/1	
			C 1)	C 1)					
					C 1) I)				
						C 1) III)			
D 1)					D 1) IV)		14/1	18/1	
						<u>C 2)</u>			
	<u>C VI)</u>		C 2) VI)	C 2) VI)			16/1	18/1	
		C 1) VII)			C 2) VII)		15/1	18/1 VIII)	
C 1) IX)							14/1	18/1	
									aufgehoben

VII. Bezüglich der Weigerung eines Zeugen, sein Zeugniß abzulegen, ergeht Zwischenurtheil und die Sache wird vertagt. S. Anm. 9 Abs. 2 zu § 28.

VIII. Auch diese Urtheile gehören in den Aushang, da sie einen Thatbestand enthalten, der berichtigt werden könnte. S. Wilmowski und Levi Anm. 2 vor § 272 C.P.O.

IX. Es ist ein Läuterungsurtheil ergangen. S. Anm. 11 zu § 28.

X. Es empfiehlt sich der Uebersichtlichkeit wegen die Zahl in Sp. 1 zu durchstreichen.

N.B. Die Auszählung hat schon im Laufe des Jahres zu erfolgen (Nr. 16 der Bemerk. z. Hauptübers., letzter Satz), deshalb sind die Anmerkungen durch römische Zahlen bezeichnet.

Die unterstrichenen Urtheile werden bei der Zählung nicht berücksichtigt, es hätte also keinen Zweck, sie mit fortlaufenden Zahlen zu versehen.

Aushang des

Nr.

Verzeichniß der unterschriebenen und verkündeten

Laufende Nr.	Name, Beruf, Wohnort oder Aufenthaltsort des Klägers.	Name, Beruf, Wohnort oder Aufenthaltsort des Beklagten.	Aktenzeichen.
1.	2.	3.	4.
1	Kotze, August, Pferdehändler zu Els	Schütze, Wilhelm, Bauer zu Call	C 5/01
2	Fischer, Arthur, Agent zu Smaleminken	Uszkoreit, Wilhelm, Kätner zu Pagulbinnen	D 3/01
3	Merkel, Richard, Tischler zu Kirchhain,	Schnabel, Carl, Rentier zu Kirchhain	G 1/01 [1])
4	a) Lehmann, August, Hüfner zu Groß Kraußnigk b) Stange, Richard, Auszügler zu Groß Kraußnigk	a) unbekannte Berechtigte der Post Abth. III Nr. 2, Frankena I Bl. 17 [2]) b) unbekannte Berechtigte der Post Abth. III Nr. 3, Werenzhain I 5 Bl.	F 2/01

Ausgehängt am 18. Januar 1901.

Schlapmann,
Gerichtsschreiber.

Erläuterungen zum Aushang des Urtheilsverzeichnisses.

1. Alle Urtheile gehören hierher.
2. Auch in diesen Fällen läßt sich Sp. 3 benutzen.

Formular Nr. 10. (§ 30.)

Urtheilsverzeichnisses.

1.

Urtheile des Königlichen Amtsgerichts in Wischwill.

Name des Prozeßbevollmächtigten		Tag der Verkündung.
des Klägers.	des Beklagten.	
5.	6.	7.
Korn	—	14/1
Dr. Schmidt	—	14/1
Schulze	Höfer I	14/1
Sello	—	15/1
Burckhardt	—	

Abgenommen am 26. Januar 1901.

Schramm,
Gerichtsschreiber.

Konkurs-

Jährlich fortlaufende Nummer.	Die Eröffnung des Konkurses ist beantragt am	Der Antrag ist zurückgewiesen am	Die Eröffnung des Konkurses ist beschlossen am	Name (Firma), Beruf, Wohnort oder Aufenthaltsort des Gemeinschuldners.	Name des Verwalters.	Zahl der Mitglieder des vom Gericht bestellten Gläubigerausschusses.	Zahl der Mitglieder des gewählten Gläubigerausschusses.
1.	2. a.	2. b.	2. c.	3.	4.	5. a.	5. b.
1	5/1	—	5/1	Müller, Arthur, Kaufmann zu Born	Goebel	3	3
2	10/1	10/1 [1])	—	Sanden, Alfred, Bankier hier	— [2])	— [2])	—
3	28/1	— [5])	28/1	Wendt, Carl Kaufmann zu Brix in Firma Marx & Co.	Geistmeier		3 [4])
4	15/2	—	15/2	Sanden, Alfred, Bankier, hier	Hausemann, s. 6/3 Brink [7])	3	3
5	26/2	—	26/2	Gohl, Max, Cigarrenfabrikant zu Dobrilugk	Reuter		

Erläuterungen zum Konkursregister:

1. Die Forderung des Antragstellers ist nicht glaubhaft gemacht, § 105, 1 K.O.
2. § 32, 1 Satz 3.
3. Da ein Prüfungstermin nicht abgehalten ist, sind die Akten in 5 Jahren zu vernichten, Allg. Verf. v. 6. Sept. 1900 (J.M.Bl. S. 569), A I § 2, 7.
4. §§ 87, 2, 110 K.O.
5. Die Sp. 2b u. 7a sind der amtlichen Ausfüllung (s. Nr. 1) entsprechend durch Striche ausgefüllt.

Formular Nr. 11. (§ 32.)

register. N

Verzeichniß der einzelnen Aktenbände.	Der Prozentsatz beträgt: nach der Schlußrechnung.	Der Prozentsatz beträgt: nach dem Zwangsvergleich.	Beendigt laut Beschlusses vom: durch Schlußvertheilung	Beendigt laut Beschlusses vom: durch Zwangsvergleich	Beendigt laut Beschlusses vom: auf andere Weise (§§ 116, 202, 204 K.O.)	Die Akten sind: weggelegt im Jahre	Die Akten sind: aufzubewahren bis	Bemerkungen.
6.	7. a.	7. b.	8. a.	8. b.	8. c.	9. a.	9. b.	10.
a) Verfahren b) Theilungsmasse c) Schuldenmasse d) Vertheilungen	12	—	19/9			1901	a, b, c bis 1912 d u. Tab. 1932	
a) Verfahren	—[2])	—	—	—[2])	—	1901	1907[3])	
a) Verfahren b) Theilungsmasse c) Schuldenmasse d) Zwangsvergleichsvorschläge	—[5])	42		29/4		1901	1912[6])	
a) Verfahren b) Theilungsmasse c) Schuldenmasse d) Vertheilungen	21	—	18/11			1901	a, b, c bis 1912 d u. Tab. 1932[8])	
a) Verfahren b) Theilungsmasse c) Schuldenmasse					2/3 § 204 K.O.[9])	1901	1907	

6. Da ein Prüfungstermin abgehalten ist, erfolgt die Vernichtung nach 10 Jahren. S. A I § 2,4 a. a. O.

7. S. Peters Beispiel Nr. 3. Ein Vermerk in Sp. 10 dürfte sich erübrigen.

8. Aktenband d und die Tabelle dürfen erst nach 30 Jahren vernichtet werden. S. A § 1,9 a. a. O.

9. Wegen mangelnder Masse eingestellt.

Ta-

der in dem Konkursverfahren über das Vermögen des Kauf-

Beanspruchtes Vorrecht.	Laufende Nummer.	Name, Beruf und Wohnort des Gläubigers.	Vertreter des Gläubigers, Hinweis auf die Vollmacht.	Tag der Anmeldung.	Angemeldeter Betrag Mark	Pf.	Genaue Bezeichnung des Grundes der Forderung und der urkundlichen Beweisstücke.
1.	2.	3.	4.	5.	6.		7.
		Abtheilung 1.					
I	1	Liefeld, Curd, Kommis zu Hamersdorf		5/5	150	—	Gehalt v. 1/2—1/4 01
	2	Fulte, Caroline, Wirthschafterin zu Finsterwalde		7/5	180	—	Dienstlohn v. 1/4 00 — 1/4 01
II	1	Stadtgemeinde zu Born, vertreten durch den Magistrat		4/5	16	—	Städtische Steuern für Januar—April 1901
III	1	Kirchengemeinde zu Born, vertreten durch den Gemeindekirchenrath		3/5	7	—	Kirchenabgaben für die Zeit v. 1/4 00 — 1/4 01
IV	1	Goldstein, Herrmann, Zahntechniker zu Lyck		8/5	80	—	Honorar für zahnärztliche Bemühungen aus dem Jahre 1900
		Abtheilung 2.					
	1	L. Kehrmann & Co., Weinhandlung zu Neuß [3])		7/5	200	—	Darlehnsforderung, Schuldschein v. 1/10 1899
	2	Arndt, Gustav, Kaufmann zu Berlin	Seemann Bl. 55 d. Akten	9/5	700	—	Kauf und Lieferung von 7 Sack Kaffee

Erläuterungen zur Konkurs-Tabelle.

1. S. Peters Anm. 2 h zu § 33.
2. Die Forderung ist nicht bevorrechtet, da aber im Antrage das Vorrecht beansprucht ist, ist sie hier einzutragen, später ist sie zu löschen (selbstredend mit rother Tinte) und in Abth. II einzutragen. § 33, 8.

Formular Nr. 12. (§ 33.)

belle

manns Arthur Müller zu Born angemeldeten Forderungen.

Ergebniß der Prüfungsverhandlung.	Berichtigung.	Bemerkungen.
8.	9.	10.
Festgestellt.[1] Zeitz, den 15. Juni 1901. Mroczek Rönne	—	
Festgestellt. Zeitz, den 15. Juni 1901. Mroczek Rönne	—	
Festgestellt Zeitz, den 15. Juni 1901. Mroczek Rönne	—	
Festgestellt. Zeitz, den 15. Juni 1901. Mroczek Rönne	—	
Forderung festgestellt, Vorrecht vom Verwalter bestritten.[2]) Zeitz, den 15. Juni 1901. Mroczek Rönne	—	Anspruch auf Vorrecht zurückgenommen. S. Abth. II Nr. 32.
Festgestellt. Zeitz, den 15. Juni 1901. Mroczek Rönne	—	
Vom Verwalter bestritten. Zeitz, den 15. Juni 1901. Mroczek Rönne	Festgestellt durch rechtskräftiges Urtheil des Landgerichts Zeitz vom 18. Oktober 1901. Zeitz, d. 28. Dezbr. 1901. Urbat Baumann	Stimmrecht gewährt.[4]) Zeitz, den 15. Juni 1901. Mroczek Rönne

3. Amtliche Probeausfüllung.

4. § 33, 10.

Verzeichniß
der innerhalb des Amtsgerichtsbezirkes Call und zwar
A., B., C.,
während des Monats
angezeigten Vergehen und Uebertretungen, welche dem durch
Strafverfahren

Laufende Nummer zur Bezeichnung des Straffalls.	Laufender Buchstabe zur Bezeichnung der bei einem Straffalle Betheiligten.	Name, Vorname, Beruf, Wohnort, oder Aufenthaltsort, Alter des Beschuldigten.	Vorbestrafungen. Tag der begangenen That.	Vorbestrafungen. Tag des Strafbefehls oder Urtheils.	Vorbestrafungen. Tag der Rechtskraft.	I. Inhalt der Beschuldigung nach That, Gegenstand, Zeit, Ort und näheren Umständen, welche eine Erhöhung der ordentlichen Strafe oder eine Zusatzstrafe rechtfertigen. II. Bezeichnung der Zeugen und des Grundes ihrer Wissenschaft. III. Bezeichnung der in Beschlag genommenen Gegenstände. IV. Benennung des Beschädigten.	Werth des Entwendeten M.
1.	2.	3.	4. a.	b.	c.	5.	6.
1	a	Görs, Marie, Ehefrau des Maurers G. zu Call, geb. 15/6 1866 Schulz, Wilhelm, Bauernsohn zu Call, geb. 1/5 1880	12/2 1890	20/3 1890	22/4 1890	I Diebstahl einer Traglast Kiefern-Reisig am 3/4 im Belauf A. mittelst Säge II Gendarm Klenze, bei der That betroffen III Eine Säge IV Kgl. Forstfiskus	0,30

Formular Nr. 13. (§ 36.)

Nr. 4
in dem Forstreviere zu Zern in den Forstschutzbezirken

April 1900
das Forstdiebstahlsgesetz vom 15. April 1878 vorgeschriebenen unterliegen.

7. Antrag des Amtsanwalts auf Erlaß eines Strafbefehls.							8. Inhalt des richterlichen Strafbefehls.								9.	10. Erledigt durch Urtheil erster Instanz		11.
Strafgesetz.	Geldstrafe.	Gefängnißstrafe oder Strafarbeit für den Unvermögensfall.	Haftstrafe § 361 Nr. 9 St.G.B. für den Unvermögensfall.	Haftstrafe § 361 Nr. 9 St.G.B. in erster Linie.	Werthersatz.	Einziehung.	Strafgesetz.	Geldstrafe.	Gefängnißstrafe oder Strafarbeit für den Unvermögensfall.	Haftstrafe § 361 Nr. 9 St.G.B. für den Unvermögensfall.	Haftstrafe § 361 Nr. 9 St.G.B. in erster Linie.	Werthersatz.	Einziehung.	Empfangsberechtigter für Geldstrafe und Werthersatz.	Die Zustellung des Strafbefehls ist beurkundet.	auf Einspruch gegen den Strafbefehl.	nach Ablehnung des Antrags auf Erlaß eines Strafbefehls.	Bemerkungen.
	M.	Tage	Tage	Tage	M.			M.	Tage	Tage	Tage	M.			Bl.			
a.	b.	c.	d.	e.	f.	g.	a.	b.	c.	d.	e.	f.	g.	h.	9.	a.	b.	11.
§§ 1^1 3^4 9 13 Forstdiebstahlsgesetz.	3	2			0,30	1 Säge	wie Sp. 7a	3	2			0,30	1 Säge	Fiskus	25	20/5		

Register für Forst-

Jährlich fortlaufende Nummer.	Tag des Einganges der ersten Schrift.	Forstrevier und Nummer des Verzeichnisses.	Zeitraum, welchen das Verzeichniß umfaßt.	Zahl der Straf-befehle.
1.	2.	3.	4.	5.
1	4/1	Jura[1]) Nr. 1	Dezember 1900	6
2	7/1	Smaleninken Nr. 1	desgl.	14
3	8/2	Smaleninken Nr. 2	Januar 1901	11
4	9/2	Jura Nr. 2	desgl.	14
5	3/3	Smaleninken Nr. 3	Februar 1901	7
6	7/3	Jura Nr. 3	desgl. 1901	15
		u. s. w.		

Erläuterungen zum Register für Forstdiebstahlssachen.

1. Oberförsterei, Anm. 1a zu § 36.
2. S. Peters Musterausfüllung.

Formular Nr. 14. (§ 36.)

diebstahlssachen. A

Akten sind weggelegt im Jahre	Akten sind aufzubewahren bis	Bemerkungen.
6. a.	6. b.	7.
1901	1907	
1901	1907	
1901	1907	
1901	1907	
1901	1907	
1901	1907	Zu Fall 5a] besondere Akten angelegt.[2])

Register für Privat-

Jährlich fortlaufende Nummer.	Tag des Einganges der ersten Schrift.	Name, Beruf, Wohnort oder Aufenthaltsort des Privatklägers.	Name, Beruf, Wohnort oder Aufenthaltsort des Beschuldigten.	Das Verfahren ist beendet in erster Instanz durch Zurückweisung der Klage.	in erster Instanz durch Urtheil.	in erster Instanz ohne Urtheil.	in der Berufungsinstanz	in der Revisionsinstanz.
1.	2.	3. a.	b.	4. a.	b.	c.	d.	e.
1	3/1	Schütze, Wilhelm, Bauer zu Call	Kotze, August, Pferdehändler zu Els		B			
2	5/1	Strohbach, Waldeck, Arzt zu Dresden	verehelichte Huste, Antoinette geb. Gordon zu Rohden	B 1)				
3	7/1	Rumpelt, Max, Gutsbesitzer zu Berg	Meyer, Fritz, Kaufmann zu Steglitz			B 2)		
4	8/1	Küchler, Carl, Schuhmacher zu Zerbst — Widerbeschuldigter 3) —	Scheumann, Max, Töpfer das. — Widerkläger 3) —		B			
5	10/1	Biebig, Georg, Schneider zu Panten	a) Gersdorf, Gustav, Gerbergeselle b) Langbein, Fritz, Malergeselle beide zu Panten				B	

Erläuterungen zum Privatklage-Register.

1. Der Privatkläger hat es unterlassen, Beweismittel anzugeben, §§ 431, 198, 1 St.P.O.
2. Die Privatklage ist vor Beginn der Hauptverhandlung zurückgenommen, Anm. 3 zu § 37.
3. § 37, 2

Formular Nr. 15. (§ 37.)

Klagesachen. B

Des rechtskräftig gewordenen Urtheils: Tag der Verkündung.	Des rechtskräftig gewordenen Urtheils: Inhalt.	Die Geldstrafe ist gezahlt am	Die Freiheitsstrafe ist angetreten am	Die Akten sind weggelegt im Jahre	Die Akten sind aufzubewahren bis	Bemerkungen.
5. a.	5. b.	6. a.	6. b.	7. a.	7. b.	8.
1/2	10 *M* od. 2 Tage Haft	22/2		1901	1907	
				1901	1907	
				1901	1907	
18/2	Angekl. 3 *M* od. 1 Tag Gf.[4]) Widerbesch. 15 *M* od. 3 Tage Gf.	10/3	28/3	1901	1907	
18/2	a) Einstellung			1901	1907	
15/8[6])	b) 30 *M* od. 10 Tage Gf.	3/10				

4. Wie aus der amtlichen Ausfüllung erhellt (Nr. 1), ist die Bezeichnung der Strafthat nicht nothwendig. S. auch Anm. 1 c zu § 38.
5. Wegen des Todes des Angeklagten ist Einstellung erfolgt.
6. Das I. Urtheil ist abgeändert, daher ist der Tag des Berufungsurtheils einzustellen. Sp. 4 d ist dagegen nur einmal auszufüllen, § 37, 3.

Strafprozeßregister.

Tag des Einganges der ersten Schrift.	Name, Beruf, Wohnort oder Aufenthaltsort des Beschuldigten.	Bezeichnung der Strafthat.	Strafbefehle. C			Jährlich fortlaufende Nummer			
			Jährlich fortlaufende Nummer der Anträge.	Der Strafbefehl ist erlassen am	Einspruch ist erhoben am	D der Anklagen wegen Vergehen.	E der Anklagen wegen Uebertretungen.	F der Voruntersuchungen.	G der einzelnen richterlichen Anordnungen.
1.	2.	3.	4. a.	b.	c.	5. a.	b.	c.	d.
3/10 1897 [1])	Kladonski, Michael, Arbeiter zu Grünau	Diebstahl				36/97			
5/1	a) Hofer, Andreas, Schankwirth zu Bernau b) Kreißig, Friedrich, Arbeiter zu Bernau	gemeinsch., gefährl. Körperverl., ruhestörender Lärm				<u>1 [3])</u>			
7/1	Gräfe, Carl, Knecht zu Britz	Verlassen des Dienstes,					1		
8/1		Ermittelung [5]) der Todesursache des Hüfners Lenze zu Pahlsdorf							1
9/1	a) Schmidt, Julian, Arbeiter, b) Hartmann, Eduard, Kohlenzieher, beide zu Lichterfelde	Verleitung zum Meineide Meineid						1	

Erläuterungen zum Strafprozeßregister.

1. § 9, 5.
2. Für derartige Fälle erscheint es zweckmäßig, anzudeuten, weshalb die Sache bisher nicht erledigt werden konnte.
3. Von der Strafkammer überwiesen, § 38, 6.

Formular Nr. 16. (§ 38.)

C, D, E, F, G

Zu Spalte 4a, 5a, 5b: Das Verfahren ist beendet — in erster Instanz — durch Strafbefehl.	durch Urtheil.	ohne Urtheil.	in der Berufungsinstanz.	in der Revisionsinstanz.	Des rechtskräftig gewordenen Urtheils (Strafbefehls) — Tag der Verkündung (Zustellung).	Inhalt.	Die Geldstrafe ist gezahlt am	Die Freiheitsstrafe ist angetreten am	Zu Spalte 5a und 5b: Die Akten sind weggelegt im Jahre	aufzubewahren bis	Bemerkungen.
6. a.	b.	c.	d.	e.	7. a.	b.	8. a.	b.	9. a.	b.	10.
											Aufenthalt des Angeklagten bisher nicht ermittelt [2])
			D [13])		20/6	a) 2 Monate Gf. [4])		7/8	1901	1912	
						b) 50 ℳ od. 10 Tage Gf.		3/9			
	E				25/1	3 ℳ od. 1 Tag Haft	10/2		1901	1907	
											2 J 23/01 An Staatsanw. Guben 16/1 [6])
											V.U. geschlossen 16/3 [7]) An Staatsanw. Guben 18/3

4. Gf. = amtliche Abkürzung.
5. S. Peters Anm. 2b Abs. 3 zu § 38.
6. § 38, 15.
7. § 38, 11, 15.

Strafprozeßregister.

Tag des Einganges der ersten Schrift.	Name, Beruf, Wohnort oder Aufenthaltsort des Beschuldigten.	Bezeichnung der Strafthat.	Strafbefehle. C			Jährlich fortlaufende Nummer			
			Jährlich fortlaufende Nummer der Anträge.	Der Strafbefehl ist erlassen am	Einspruch ist erhoben am	D der Anklagen wegen Vergehen.	E der Anklagen wegen Uebertretungen.	F der Voruntersuchungen.	G der einzelnen richterlichen Anordnungen.
1.	2.	3.	4. a.	4. b.	4. c.	5. a.	5. b.	5. c.	5. d.
12/1	Raabe, Wilhelm, Gutsbesitzer zu Eschershausen	Unbefugte Annahme des Adelsprädikats	1	8)					
15/1	Keller, Gottfried, Agent zu Hottingen	Betrug				2			
16/1	ders.	Unterschlagung				3			
17/1	Kirchner, Friedrich, Fabrikarbeiter zu Spaar	grober Unfug					2		
18/1	Heyse, Paul, Tischlermeister zu Bergen	Körperverletzung mittelst eines gefährl. Werkzeuges				<u>4</u>			

8. S. § 448, 2 St.P.O.
9. Es erscheint empfehlenswerth, in Sp. 10 kurz den Grund anzugeben, weshalb Sp. 4b der Regel zuwider nicht ausgefüllt ist.
10. § 38, 10, vergl. auch Peters Anm. 20 u. 22 zu § 38.
11. § 38, 15.

Noch: **Formular Nr. 16.** (§ 38.)

C, D, E, F, G (Fortsetzung)

Zu Spalte 4a, 5a, 5b: Das Verfahren ist beendet — in erster Instanz: durch Strafbefehl.	durch Urtheil.	ohne Urtheil.	in der Berufungsinstanz.	in der Revisionsinstanz.	Des rechtskräftig gewordenen Urtheils (Strafbefehls): Tag der Verkündung (Zustellung).	Inhalt.	Die Geldstrafe ist gezahlt am	Die Freiheitsstrafe ist angetreten am	Zu Spalte 5a und 5b: Die Akten sind weggelegt im Jahre	aufzubewahren bis	Bemerkungen.
6. a.	b.	c.	d.	e.	7. a.	b.	8. a.	b.	9. a.	b.	10.
C					30/1	50 ℳ od. 10 Tage Gf.	19/2		1901	1906	Ohne Erlaß des Strafbefehls Termin zur Hauptverhandlung anberaumt.[9]
				D	7/4	3 Wochen Gf.		28/5	1901	1912	Hiermit verbunden: D 3/01
		D [10]							1901	1912	Verbunden mit D 2/01 [11]
		E [12]							1901	1907	
	D [13]				15/2	2 Wochen Gf.		7/3	1901	1912	Nebenkläger: Schneider Gutsnuths

12. Der Antrag auf gerichtliche Entscheidung ist zurückgenommen.
13. Ein Unterstreichen in dieser Spalte ist nicht nothwendig, da der Kalender f. Hauptverhandl. über diese Urtheile Aufschluß giebt.
14. § 38, 13.

Ordentliche / Außerordentliche Sitzung des Schöffengerichts. / Amtsgerichts.

Terminstag: 3/2.

Kalender für Haupt-

Nummer.	Aktenzeichen.	Name des Angeklagten.	Terminsstunde.	Bezeichnung des Privatklägers, Nebenklägers oder der Verwaltungsbehörde.	Name des Vertreters oder des Vertheidigers.
1.	2.	3.	4.	5.	6.
1	D 56/00	Nagel	10		
2	D 10/99	a) Blondel b) Menzel	10¼		
3	B 3/01	Ranke	10½	Stumm	Levy Wilcke
4	C 2/01	Treitschke	10¾		Schwindt
5	E 4/01	Bötel	11		Meyer
6	D 5/01	Sudermann	11½		Holz
7	D 8/01	a) Richter b) Pariser	11¾		Sello Arndt
8	D 7/01	a) Sybel, Marie b) Sybel, Max	12¼		
~~9~~	E 4/00	Heimburg	12¾		Dohm

Erläuterungen zum Kalender für Hauptverhandlungen.

I. Die von der Strafkammer überwiesenen Sachen sind zu unterstreichen, § 39, 7 letzter Satz. Da die Auszählung schon im Laufe des Jahres erfolgen soll (Anmerk. 1c zu § 39) so sind die Buchstaben in Sp. 8a und d (nicht auch in Sp. 8b und d, s. Tab. XI, 8—14) mit fortlaufenden Zahlen zu versehen.

II. Es ist Widerklage erhoben, beide Parteien sind für schuldig aber für straffrei erklärt. S. Peters Anm. 12 g 1 zu § 39.

Formular Nr. 17. (§ 39.)

verhandlungen.

Strafthat.	Ergebniß der Hauptverhandlung: ohne Zuziehung von Schöffen; es ist ergangen ein Urtheil.	ohne Zuziehung von Schöffen; es ist ergangen kein Urtheil.	mit Zuziehung von Schöffen; es ist ergangen ein Urtheil.	mit Zuziehung von Schöffen; es ist ergangen kein Urtheil.	Jährlich fortlaufende Zahl der Personen, welche für schuldig erkannt sind.	Jährlich fortlaufende Zahl der Personen, welche für nicht schuldig erkannt sind.	Das Urtheil ist zur Gerichtsschreiberei gelangt am	Bemerkungen.
7.	8. a.	b.	c.	d.	9. a.	b.	10.	11.
Hausfriedensbruch			D 1)		1		6/2	
Gefährliche gemeinschaftliche Körperverletzung			<u>D 2)</u> I)		2	3	4/2	
Beleidigung			B 1)		3 II) 4		5/2	Widerklage erhoben
Felddiebstahl			<u>C 1) III)</u>		5 IV)		3/2	
Schnellfahren				C IV)				
Hausfriedensbruch			D 3)		VI)		4/2	
Betrug, Unterschlagung			<u>D 4)</u>		6	4	6/2	
Forstdiebstahl § 6,2 Haftbarkeit			D 5)		7 8 VII)		5/2	
Grober Unfug								Aufgehoben

III. Der Einspruch ist wegen Ausbleibens des Angeklagten verworfen (§ 452 St.P.O.), daher ist der Buchstabe zu unterstreichen, § 39, 7. S. auch Tab. XI, 11 b. Hauptübersicht.
IV. S. Anmerk. 7 zu § 39.
V. Antrag auf gerichtliche Entscheidung zurückgenommen, § 456, 2 St.P.O.
VI. Das Verfahren ist (durch Urtheil) eingestellt, weil der Strafantrag nicht vorliegt (§ 259 St.P.O.), daher kann Sp. 9 nicht ausgefüllt werden, Peters Anmk. 12 b 1.
VII. Auch die für haftbar erklärten Personen gehören hierher.

Formular Nr. 18. (§ 41.)

Liste der Ueberführungsstücke.

Jährlich fortlaufende Nr.	Tag des Einganges.	Bezeichnung der Strafsache.	Akten-zeichen.	Gegenstand.	Empfangs-bekenntniß.	Bemerkungen.
1.	2.	3.	4.	5.	6.	7.
1	3/1	·/. Nagel	D 56/00	1 Stock	Schulz	
2	5/1	·/. Liebknecht	D 3/00	1 Bund Schlüssel	Liebknecht	
3	8/1	·/. Perfall	D 41/00	a) 1 goldene Uhr b) 1 goldene Kette		Verwahrungsbuch Nr. 7/01
4	10/1	Gerson'sche Brandermittelung	G 2/01	1 Licht	zur Vernichtung erh. Marx, Gerichtsdiener	

Formular Nr. 22. (§ 54.)

Aktienregister für Register-Angelegenheiten.

Jährlich fortlaufende Nummer.	Name, Beruf und Wohnort der Betheiligten und ihrer Vertreter.	Kurze Bezeichnung der Angelegenheit.	Abgegeben zu den Beilagen: des Registers.	Angabe der Nummer oder des Blatts.	Bemerkungen.
1.	2.	3.	4. a.	b.	5.
1	Meyer, Albert, Kaufmann zu Damm	Firmen-eintragung	HRA	62	
2	a) Geißler, Max, Rechnungsrath b) Werther, Carl, Betriebssekretär, beide hier	Eintragung des „Rothenburger Beamten-Darlehnsvereins", G. m. u. H.	GnR	31	
3	a) Koner, Max, Kunstmaler b) v. Kameke, Otto, Kunstmaler beide hier	Eintragung des Vereins „Sezession"			Der Antrag ist zurückgewiesen [1])
4	a) Hansemann, Georg, Bankier hier b) Frerichs, Otto, Kaufmann zu Bernau	Eintragung der offen. Handelsges. „Hansemann &Cie."	HRA [2])	59	
5	a) Neumann-Hofer, Otto, Schriftsteller b) verehelichte Neumann-Hofer, Antonie, geb. Bock beide zu Steglitz	Eintragung in das Güterrechtsregister [3])	GR	12	

Erläuterungen zum Aktienregister für Register-Angelegenheiten.

1. Weil er seinen aus Malern bestehenden Mitgliedern durch Verloosung von Gemälden wirthschaftliche Vortheile gewährt. S. Rosenthal. S. 23 Anm. 2.
2. § 53 Anm. 1a.
3. § 53 Anm. 1c.

Beurkundungsregister

Tag der Beurkundung oder des Einganges der ersten Schrift.	Name, Beruf und Wohnort der Betheiligten.	Bei Ausfüllung der Spalte I oder IV: Bezeichnung der Angelegenheit.	Werth des Gegenstandes.
1.	2.	3.	4.
5/1	Riese, August, Arbeiter, hier	Anerkennung der Vaterschaft	2 000 ℳ
6/1	1. Mayer, Carl, Bauer 2. Schultz, Wilhelm, Fabrikbesitzer, beide zu Leer	Erbauseinandersetzung	60 000 ℳ II)
8/1	1. Schütze, Wilhelm, Bauer zu Call 2. Fernow, August, Rentner, unbekannter Aufenthalt	Oeffentl. Zust. einer Willenserklärung IV)	300 ℳ
10/1	Scharwenka, Xaver, Hüfner zu Geritten	Schuldurkunde und Eintragungsantrag	4 000 ℳ
12/1	Matkowski, Adalbert, Rentner, hier		600 ℳ
14/1	Grabbe, Herrmann, Besitzer zu Rominten		900 ℳ
16/1	Scheffel, Victor, Gutsbesitzer zu Marwitz,		50 000 ℳ
25/1	Wagner, Richard, k. k. österreichischer Finanzrath a. D. zu Oederau	Lebensbescheinigung VII)	800 ℳ

Erläuterungen zum Beurkundungsregister.

*) Grundbuch- und Schiffspfandsachen mit Ausnahme der bloßen Eintragungs- oder Löschungsanträge und der bloßen Eintragungs- oder Löschungsbewilligungen im Sinne der §§ 873, 875 B.G.B. sind zu unterstreichen.

I. Daß in der amtlichen Probeausfüllung die Abtheilung (F) des Vormundsch.Reg's. weggelassen ist, beruht anscheinend auf einem Druckfehler. S. § 57, 2.

II. Werth der Aktiv-Masse. S. Notiz im Bureau-Bl. 1900 S. 229.

III. „St" bedeutet, daß der Steuerbehörde Nachricht zu geben ist.

I, II, III, IV **Formular Nr. 19. (§ 44.)**

Jährlich fortlaufende Nummer der				Darunter bloße Eintragungs- und Löschungsanträge und -bewilligungen in Grundbuch- und Schiffspfandsachen.	Abgegeben zu		Bemerkungen.
I *) Verträge und einseitigen Willenserklärungen.	II Beglaubigungen von Unterschriften oder Handzeichen, Sicherstellungen der Zeit bei Privaturkunden.	III freiwilligen Versteigerungen oder öffentlichen Verpachtungen von Grundstücken u. s. w.	IV *) sonstigen gerichtlichen Beurkundungen und Entscheidungen.		Grundakten.	sonstigen Akten.	
5. a.	b.	c.	d	6.	7. a.	b.	8.
1						F XII 13/00 [I]	
2						X 8/00	St. [III]
			1				
<u>3 [V]</u>					Geritten I Bl. 7		
	(1), [VI]						
	2						
		1					
			2				

IV. Das amtliche Beispiel drückt sich allgemein aus, es steht aber nichts entgegen, die Willenserklärung näher zu bezeichnen. S. Beispiel IV 5, s. § 44, Anm. 8g.

V. § 44, 12. Da die Schuldurkunde mit zu Protokoll erklärt ist, ist die Unterstreichung nothwendig.

VI. Der Gerichtsschr. hat das Datum einer Privaturkunde sichergestellt, § 44 Anm. 5b. Die Auszählung der durch den Gerichtsschr. vorgenommenen Handlungen hat schon im Laufe des Jahres durch fortlaufende Zahlen zu geschehen, § 44 Anm. 9a.

VII. § 44 Anm. 8f. Die Gerichtsschr. sollen derartige Bescheinigungen nicht ertheilen.

Beurkundungsregister

Tag der Beurkundung oder des Einganges der ersten Schrift.	Name, Beruf und Wohnort des Betheiligten.	Bei Ausfüllung der Spalte I oder IV: Bezeichnung der Angelegenheit.	Werth des Gegenstandes.
1.	2.	3.	4.
30/1	Kreißig, Friedrich, Gasthofbesitzer zu Kraupischken	Antrag auf Eintragung des Kaufpreises für Bierlieferungen	350 M
10/2	1. v. Hartmann, Eduard, Gutsbesitzer zu Kaukehmen 2. Schopenhauer, Arthur, Oekonom, hier	Kaufvertrag über Gut Friedenau	185 000 M
15/2	Block, Paul, Kaufmann zu Wannsee,	Beglaubigung der Abschrift eines Miethsvertrages XI)	3 000 M
26/2	Bauendahl, Fritz, Schiffskapitän zu Wyck	Anmeldung der Verklarung des Barkschiffes „Matador" XIII)	40 000 M
8/3	1. Spielhagen, Friedrich, Kaufmann zu Meran 2. Grünthal, Max, Reisender zu Berlin	Kraftloserklärung einer Inkassovollmacht XIV)	2 000 M
25/3	1. Scheffel, Victor, Gutsbesitzer zu Marwitz 2. Hausemann, Georg, Gutsbesitzer zu Dönhoffstedt XV)	Beurkundung des Zuschlages, Gut Marwitz betreffend XVI)	57 500 M
26/3	Reulaux, Arthur, Ingenieur, hier	Eidesabnahme behufs Erwerbung eines Patentes in Schweden XVIII)	10 000 M

VIII. Ein Unterstreichen erfolgt hier nicht, da ein bloßer Eintragungsantrag vorliegt. S. vorher die amtl. Anm. Diese Anträge werden in Sp. 6 dargestellt.

IX. § 44, 12 Satz 1.

X. Es ist angenommen, daß das Gut nicht im Gerichtsbezirke gelegen ist; die Urschrift bleibt als Blattsammlung aufbewahrt, die Betheiligten erhalten Ausfertigungen. Es liegt hier keine Grundbuchsache, sondern ein Akt der freiw. Gerichtsb. vor, der nicht vor dem Grundbuchamte aufgenommen wird; deshalb hätte ein Unterstreichen der Zahl in Sp. I auch keinen Zweck. Der Ansicht des Bureaublattes 1900 S. 229 kann aus diesem Grunde nicht beigetreten werden.

I, II, III, IV (Fortsetzung) — Noch: Formular Nr. 19. (§ 44.)

Jährlich fortlaufende Nummer der: I*) Verträge und einseitigen Willens-erklärungen.	II Beglaubigungen von Unterschriften oder Handzeichen, Sicherstellungen der Zeit bei Privaturkunden.	III freiwilligen Versteigerungen oder öffentlichen Verpachtungen von Grundstücken u. s. w.	IV*) sonstigen gerichtlichen Beurkundungen und Entscheidungen.	Darunter bloße Eintragungs- und Löschungsanträge und -bewilligungen in Grundbuch- und Schiffspfandsachen.	Abgegeben zu: Grundakten.	Abgegeben zu: sonstigen Akten.	Bemerkungen.
5. a.	5. b.	5. c.	5. d.	6.	7. a.	7. b.	8.
4 VIII)				1 IX)	Kraupischken I Bl. 18		
5					X)		St.
			(3), XII)				
			4				
			5				
(6), XVII)						III 1	St.
			6				

XI. § 44 Anm. 9b. — XII. § 44 Anm. 9a. — XIII. § 44 Anm. 8n, III. — XIV. § 44 Anm. 8h. — XV. Der Verkäufer und der Käufer sind als Betheiligte aufzuführen. § 181 Reichs-G. fr. G. — XVI. Im Interesse der Steuerbehörde empfiehlt es sich anzugeben, um was es sich handelt. — XVII. § 44 Anm. 6a. — XVIII. § 44 Anm. i u. k.

NB. Da die Auszählung der durch den Gerichtsschr. und den Gerichtsvollz. vorgenommenen Handlungen schon im Laufe des Jahres durch fortlaufende Zahlen zu geschehen hat (S. Nr. 28 d. Bemerk. z. Hauptübers.), sind zu den Anmerkungen römische Zahlen verwendet.

Formular Nr. 20. (§ 47.)

Register für Verfügungen von Todeswegen. V

Jährlich und für alle Unterspalten gemeinschaftlich fortlaufende Nummer. Verfügungen von Todeswegen. Vor dem Gericht errichtete	Dem Gerichte zur amtlichen Verwahrung übergebene	An das Nachlaßgericht abgelieferte	Dem Nachlaßgerichte nach der Eröffnung zur weiteren Aufbewahrung übersandte	Von einem anderen Gerichte zur Verwahrung abgegebene	Nummer des Verwahrungsbuchs.	Name, Beruf und Wohnort der Verfügenden.	Die Verfügung von Todeswegen ist errichtet oder eingegangen am	zurückgegeben am	eröffnet am	Bemerkungen.
1. a.	b.	c.	d.	e.	2.	3.	4. a.	b.	c.	5.
1	.	.	.	.	7	Handlow, Wilhelm, Gärtner zu Forst	4/1		20/6	
.	2	.	.	.	74	Schmidt, Carl, Schlossermeister zu Forst	5/1			
.	.	.	.	3	75	Müller, Heinrich, Rechtsanwalt zu Forst, früher zu Spremberg	6/1			

Erläuterungen zum Register für Verfügungen von Todeswegen.

1. Anm. 6 zu § 47; es liegt ein Erbvertrag vor.
2. § 2275, 3 B.G.B.
3. Anm. 9 zu § 47. Da das Testament verausgabt und nach der Eröffnung unter einer

Noch: Formular Nr. 20. (§ 47.)

Register für Verfügungen von Todeswegen. V (Fortsetzung)

Jährlich und für alle Unterspalten gemeinschaftlich fortlaufende Nummer. Verfügungen von Todeswegen. Vor dem Gericht errichtete	Dem Gerichte zur amtlichen Verwahrung übergebene	An das Nachlaßgericht abgelieferte	Dem Nachlaßgerichte nach der Eröffnung zur weiteren Aufbewahrung übersandte	Von einem anderen Gerichte zur Verwahrung abgegebene	Nummer des Verwahrungsbuchs.	Name, Beruf und Wohnort der Verfügenden.	Die Verfügung von Todeswegen ist errichtet oder eingegangen am	zurückgegeben am	eröffnet am	Bemerkungen.
1. a.	b	c.	d.	e.	2.	3.	4. a.	b.	c.	5.
.	4 1)	.	.	.	76	a) Zola, Emil, Baumeister, hier b) Suttner, Bertha, unverehelichte, hier 2)	8/1			
5	.	.	.	.	77 / 148 3)	a) Niemann, Albert, Rentner hier b) verehelichte Niemann, Marie geb. Seebach, hier	10/1			Bezüglich der Ehefrau eröffnet am 25/4 02
.	6 4)	.	.	.	78	Richter, Eugen, Hausbesitzer zu Bergendahl	15/1		25/1 02 5)	

neuen Nummer des Verwahrungsbuches eingetragen ist, so muß in Sp. 2 auch diese Nummer angegeben werden, in Sp. 5 dürfte ein diesbezüglicher Vermerk zu machen sein.

4. Anm. 2b zu § 47.
5. Da die Eröffnung in einem anderen Jahre, als für welches das Register angelegt ist, erfolgt ist, so muß die Jahreszahl angegeben werden, § 9, 6.

Noch: **Formular Nr. 20.** (§ 47.)

Register für Verfügungen von Todeswegen. V (Fortsetzung)

Jährlich und für alle Unterspalten gemeinschaftlich fortlaufende Nummer. Verfügungen von Todeswegen.					Nummer des Verwahrungsbuchs.	Name, Beruf und Wohnort der Verfügenden.	Die Verfügung von Todeswegen ist			Bemerkungen.
Vor dem Gericht errichtete	Dem Gerichte zur amtlichen Verwahrung übergebene	An das Nachlaßgericht abgelieferte	Dem Nachlaßgerichte nach der Eröffnung zur weiteren Aufbewahrung übersandte	Von einem anderen Gerichte zur Verwahrung abgegebene			errichtet oder eingegangen am	zurückgegeben am	eröffnet am	
1. a.	b.	c.	d.	e.	2.	3.	4. a.	b.	c.	5.
.	.	7 [6])	.	.	79	Schmidt, Julian, Rentner zu Szitkehmen	18/1		28/1	
.	8	.	.	.	80	Wandersleben, Hugo, Kanzleirath, hier	21/1			Abgegeben an A.G. Dresden 8/10 S. Gen V—8 Bl. 27 [7])
.	.	.	9 [8])	.	— [9])	Heise, Paul, Sekretär, hier,	25/1		19/1 [10])	

6. Anm. 2c zu § 47.
7. § 47 Abs. 17; nicht unzweckmäßig dürfte es sein, anzugeben, wo sich die Empfangsanzeige des anderen Gerichts befindet.
8. Anm. 2d zu § 47.
9. S. Anm. 2 d zu § 47. Da das Testament nicht in Verwahrung gelangt, kann auch

Noch: **Formular Nr. 20.** (§ 47.)

Register für Verfügungen von Todeswegen. V (Fortsetzung)

Jährlich und für alle Unterspalten gemeinschaftlich fortlaufende Nummer. Verfügungen von Todeswegen. Vor dem Gericht errichtete	Dem Gerichte zur amtlichen Verwahrung übergebene	An das Nachlaßgericht abgelieferte	Dem Nachlaßgerichte nach der Eröffnung zur weiteren Aufbewahrung übersandte	Von einem anderen Gerichte zur Verwahrung abgegebene	Nummer des Verwahrungsbuchs.	Name, Beruf und Wohnort der Verfügenden.	Die Verfügung von Todeswegen ist errichtet oder eingegangen am	zurückgegeben am	eröffnet am	Bemerkungen.
1. a.	b.	c.	d.	e.	2.	3.	4. a.	b.	c.	5.
10	.	.	.	.	81	Dehmel, Arthur, Schriftsteller zu Thal	28/1		7/10	V 6/00 [11])
.	.	.	.	11 [12])	82	Giro, Amanda, unverehelichte, hier, früher zu Ortelsburg	30/1	7/8		

die Nummer des Verwahrungsbuches nicht eingestellt werden. S. dagegen Peters Beispiel V 54.

10. Tag der Eröffnung bei dem **anderen** Gericht. S. Peters Beispiel V 54.
11. Zu V 6/00 genommen § 47, 5.
12. § 47, 17, vom A.G. Ortelsburg übersandt.

Tagebuch des Grundbuchfüh

Eintragungsverfügungen.					Zahl der Blätter, auf denen der Erwerb des Eigenthums an Grundstücken eingetragen ist.	Uebertragungen. Zahl		Eintragungen in Abtheilung II und III, mit Ausschluß der Uebertragungs- und Löschungsvermerke. Zahl	
Jährlich fortlaufende Nummer.	Tag der Verfügung oder des Ersuchens.	Tag, an dem der Antrag oder das Ersuchen eingegangen ist.	Ordnungsnummer.	Grundakten.		der auf andere Blätter übertragenen Grundstücke.	der mit den Grundstücken übertragenen Posten.	der einmaligen Eintragungen.	der gleichzeitig auf mehreren Blättern bewirkten Eintragungen.
1. a.	b.	c.	d.	e.	2.	3. a.	b.	4. a.	b.
1	3/1	2/1	5	Grünau, Bd. 2 Bl. 17	1			1	
2	5/1	4/1	8	Ossagk, Bd. 1 Bl. 4				2	
3	8/1	7/1	5	Bergen, Bd. 3 Bl. 151	2	2		3	6
4	10/1	10/1	15	Blumenthal, Bd. 1 Bl. 15	1			4	
5	14/1	13/1	1	Margenberg, Bd. 1 Bl. 1 [3])	0	0	0	0	0

Erläuterungen zum Tagebuch des Grundbuchführers.

*) Auszufüllen nur bei solchen Auflassungen, bei denen die Versteuer auf Grund einer Werthangabe erfolgt. Auflassungen, die auf Gr eines Veräußerungsvertrags stattfinden, werden nur in der Spalte durch „Aufl." erkennbar gemacht, die Grundbuchbezeichnung des au lassenen Grundstücks wird in diesem Falle nur dann in der Spalte

Formular Nr. 21. (§ 51.)

für das Geschäftsjahr 1901.

Zahl der Blätter, auf denen Eintragungen bewirkt sind, welche die Zurückführung des vorhandenen Grundbuchs auf die Steuerbücher betreffen.	Auflassungen.*)				
	Bezeichnung des aufgelassenen Grundstücks nach dem Grundbuche.	Name und Wohnort des Veräußerers.	Name und Wohnort des Erwerbers.	Angegebener Grundstückswerth.	Sonstige Bemerkungen für die Steuerbehörde: a) Grundsteuerreinertrag, b) Gebäudesteuernutzungswerth, c) Letzter Erwerbspreis, d) Feuerversicherungssumme, e) Taxwerth. (Die Werthe zu d und e werden nur angegeben, falls sie im Grundbuche vermerkt sind.
6.	7. a.	b.	c.	d.	e.
	Aufl.[1])	—	—	—	—
	Bergen,[2]) Bd. 6 Bl. 451	Schönrock, Carl, Landwirth zu Bergen	Müller, Ernst, Gärtner zu Bergen	4 500 ℳ	a) 5,33 Thlr.
	Bergen, Bd. 6 Bl. 452	ders.	Schulz, Arthur, Häusler zu Bergen	3 200 ℳ	b) 4,25 Thlr.
	Blumenthal, Bd. 1 Bl. 15	Gersdorf, Anton, Gutsbes. zu Grünthal	Mirbach, Georg, Gutsbes. zu Sorquitten	45 000 ℳ	a) 27,45 Thlr. b) 100 ℳ c) 37 000 ℳ i. J. 1893 d) 39 000 ℳ

vermerkt, wenn sie von der in der Spalte 1e angegebenen Nummer der Grundakten abweicht.

1. Ein Vertrag liegt vor, daher ist in Spalte 7a „Aufl." einzutragen und die Sp. a—e sind durch wagerechte Striche auszufüllen, s. Nr. 7 der Erläuterungen.
2. Hier ist ein Vertrag nicht vorgelegt.
3. Es ist ein neues Grundbuch angelegt, daher sind die Sp. 2—4 durch „0" auszufüllen. S. Nr. 8 der Erläuterungen.

Register für Nachlaß- und Theilungs-

Name, Beruf und Wohnort des Erblassers oder der Miteigenthümer der Theilungsmasse, bei Sachen der Spalte VIII auch des Erklärenden.	Jährlich forlaufende	
	VII Nachlaßpflegschaften und sonstigen Handlungen des Nachlaßgerichts, die nicht unter VIII, IX oder X fallen.	VIII Erklärungen gegenüber dem Nachlaßgerichte.
1.	a.	2. b.
Fiedler, Ludwig, Kaufmann hierselbst (Fiedler, Ernst, Landwirth zu Born[1])		1
Baumann, Otto, Oberlehrer zu Gumbinnen	1	
Bierbaum, Julius, Schriftsteller zu Steglitz (Bierbaum, Fritz, Leutnant zu Berlin)		2[3])
Raabe, Wilhelm, Rentner zu Angerburg		
Bierbaum, Julius, Schriftsteller zu Steglitz (verehelichte Dehmel, Frizzi geb. Bierbaum zu Cöln a./Rh.)		3[4])
Kaderett, August, Klempnermeister zu Insterburg		
Bierbaum, Julius, Schriftsteller zu Steglitz[7])		
a) Dressel, Rudolf, Gutsbesitzer zu Grünhof		
b) verehelichte Dressel, Anna, geb. Adlon das.[8])		

Erläuterungen zum Register für Nachlaß- und Theilungssachen.

1. Hiernach ist der Name des Erklärenden einzuklammern, der Text enthält eine Vorschrift darüber nicht.
2. Die Blattsammlung ist zu der später entstehenden Theilungssache abgegeben. § 56, 16
3. Annahme der Erbschaft erklärt. § 56, 5 b.
4. Desgl.

Formular Nr. 23. (§ 56.)

sachen. VII, VIII, IX, X

Nummer der IX Verfahren behufs Ausstellung von Erbscheinen und ähnlichen Zeugnissen.	Nummer der X Vermittelung von Auseinandersetzungen.	Abgegeben zu	Bemerkungen.
c.	d.	3.	4.
		X 8/01	
		X 14/01	
		X 1/01	
1			
		VIII 2/01[5])	
2		K XI 87[6])	
	1		
	2		

5. Vor Einleitung des Theilungsverfahrens zu VIII 2/01 abgegeben, § 56, 5 g, beide Sachen sind dann später zu X 1/01 gelangt.
6. Der Erbschein ist in den Vormundschaftsakten ausgestellt.
7. Name des Erblassers. S. Anm. *) zu § 56.
8. Es handelt sich hier um eine Auseinandersetzung nach Aufhebung der Gütergemeinschaft, hier trifft der Passus der Ueberschrift der Sp. 1 „oder der Miteigenthümer der Theilungsmasse" zu. S. Anm. *) zu § 56.

Register der Vormundschaften, Pflegschaften

Angefangen im Jahre	Name, Beruf und Wohnort des Vaters oder der Mutter des minderjährigen Mündels oder des unter elterlicher Gewalt stehenden Kindes.	Der Mündel, Pflegebefohlenen oder unter elterlicher Gewalt stehenden Kinder		Name, Beruf und Wohnort	
		Namen.	Geburtstage.	des Vormundes, Pflegers oder Beistandes.	des Gegenvormundes.
1.	2.	3. a.	b.	4. a.	b.
1900	Eckardt, Wilhelm, Holzhändler, hier	Arthur	5/10 90	Kaufmann Franz Engelhardt zu Mals[1])	
1900	Waldersee, Max, Kaufmann zu Bergen	Georg	3/5 96	Kaufmann Fritz Lang zu Bergen	Kaufmann August Sternberg zu Bergen
1901	Müller, Max, Maler, hier[4])	Clara	7/1 94	Buchhändler Max Guth, hier	
1901		Tucher, Otto, Gutsbesitzer zu Drebkau[7])	3/7 75	Amtsrath Georg Dietze zu Barby	

Erläuterungen zum Register der Vormundschaften, Pflegschaften und Beistandschaften.

*) Anmerkungen: (amtliche)

1. Sind mehrere Vormünder, Pfleger oder Beistände bestellt, so sind ihre Namen sämmtlich in Spalte 4a einzutragen; sind sie nicht zu ungetrennter Verwaltung bestellt, so ist dies in Spalte 4b zu vermerken.
2. Die Ausfüllung der Spalte 6 erfolgt durch Eintragung des Zeichens XI, XII oder XIII in die betreffende Unterspalte. In Spalte 9 ist ersichtlich zu machen, in welchem Monate die Rechnung zu legen ist, bei zwei- oder dreijähriger Rechnungsperiode ist auch das Jahr anzugeben, von dem ab die Periode zu berechnen ist; eine dreijährige Periode ist durch den Zusatz „(3)", eine noch längere Frist (B.G.B. §. 1854 Abs. 2) durch „(4)" oder „(5)" ersichtlich zu machen. Ist die Unterspalte „befreit" zu benutzen, so ist daneben nicht zu unterscheiden, ob eine Vermögensverwaltung besteht oder nicht besteht. Ist dem Beistande die Vermögensverwaltung nicht übertragen oder ist die Pflegschaft nur zur Wahrnehmung einzelner Geschäfte eingeleitet, so daß eine Rechnungslegung nicht in Frage kommen kann, so sind die Spalten 6a bis 6d wagerecht zu durchstreichen.
3. Die Spalte 9 ist insbesondere zu Angaben über die Bildung eines Familienraths zu benutzen.
4. Eintretende Veränderungen sind nachzutragen. Tritt eine Aenderung in der Rechnungslegung ein, so ist die dadurch erledigte Notiz roth zu unterstreichen. Ebenso sind die Namen der Mündel, deren Vormundschaft, sowie die Namen der

Formular Nr. 24. (§ 57.)

und Beistandschaften.*) XI, XII, XIII

Durch die Abtheilung laufende Nummer der			Rechnungslegung. Einreichung des Vermögensverzeichnisses.				Grund der Vormundschaft über Volljährige oder der Pflegschaft.	Die Akten sind		Bemerkungen.
XI	XII	XIII	Befreit.	Nicht befreit.				weggelegt im Jahre	aufzubewahren bis	
Vormundschaften.	Pflegschaften.	Beistandschaften.		Ohne Verwaltung.	Jährlich.	Alle 2 bis 3 Jahre.				
5. a.	b.	c.	6. a.	b.	c.	d.	7.	8. a.	b.	9.
		32				XIII				8 01 (3)[2])
27					XI					März[3])
		3	—	—	—	—[5])		1901	1907	abgegeben zu M XI 12[6])
38						XI	Verschwendung			Vorläufige Vormundschaft,[8]) 11. 01[9])

Vormünder, Gegenvormünder und Pfleger, deren Amt beendet ist, in Spalte 3a und 4 roth zu unterstreichen. In gleicher Weise ist bei der Beendigung der Sache zu verfahren.

5. Nachlaßpflegschaften sind ausschließlich in das Register VII einzutragen.

1. Nach dieser (der amtlichen) Probeausfüllung ist also der Stand vor den Namen zu setzen.
2. Der Vermerk bedeutet, daß die Rechnung dreijährig (dem längsten, nach dem B.G.B. § 1840, 3 zulässigen Zeitabschnitte) im Monat August zu legen und daß vom Jahre 1901 ab die Periode zu berechnen ist.
3. Die Rechnung ist jährlich im März zu legen; hier bedarf es keiner weiteren Angaben.
4. Entsprechend der amtlichen Probeausfüllung (XIII 32) ist der Name des Vaters einzustellen. Anderer Meinung Peters Anm. 26 bb.
5. Dem Beistande ist die Vermögensverwaltung nicht übertragen, daher sind die Sp. 6a—d durch wagerechte Striche auszufüllen, § 57, 6.
6. In Folge des Todes der Mutter ist eine Vormundschaft eingeleitet, die Akten sind zu der neuen Sache abgegeben, § 57, 7.
7. S. Peters Anm. 2c zu § 57.
8. § 57, 3.
9. Der Vermerk giebt an, daß alle zwei Jahre Rechnung zu legen ist und die Periode im November 1901 beginnt.

Register der Vormundschaften, Pflegschaften und

Angefangen im Jahre	Name, Beruf und Wohnort des Vaters oder der Mutter des minderjährigen Mündels oder des unter elterlicher Gewalt stehenden Kindes.	Der Mündel, Pflegebefohlenen oder unter elterlicher Gewalt stehenden Kinder		Name, Beruf und Wohnort	
		Namen.	Geburtstage.	des Vormundes, Pflegers oder Beistandes.	des Gegenvormundes.
1.	2.	3. a.	b.	4. a.	b.
1901	Müller, Max, Maler, hier	Clara	7/1 94	Kaufmann Carl Paschke, hier	
1901	Holz, Arno, Schriftsteller zu Friedenau [12])	Hans	5/3 86	Schauspieler Josef Jarno zu Steglitz	
1901	Petri, Alice, unverehelichte zu Heydekrug	Anna	8/5 01	Hotelier Max Patzker zu Szibben	
1901	Borsig, Friedrich, Eisenwerksbesitzer zu Thale	Erich Max	5/2 85 7/8 88	Generaldirektor Georg Brockhusen zu Thale [17]) Oberingenieur Fritz Spiller zu Thale	
1901	Gilka, Franz, Ritterguts- und Fabrikbesitzer zu Weißagk	Carl Anton	8/8 90 7/7 93	Administrator Franz Janz zu Weißagk Fabrikdirektor Arthur Spitzner zu Berlin	zu nicht ungetrennter Verwaltung bestellt. [18])

10. In diesem Falle sind die Sp. 6b—d nicht auszufüllen, vgl. auch Peters Anm. h u. i.
11. Der Vermerk bedeutet, daß das Vermögensverzeichniß alle vier Jahre im Februar einzureichen ist und die Periode vom Jahre 1902 ab läuft. Der Vormund kann wohl von der Rechnungslegung befreit werden, hat aber trotzdem die Pflicht, eine Uebersicht über den Bestand des Vermögens einzureichen, die längste Frist dafür sind 5 Jahre, während sie bei der Rechnungslegung höchstens 3 Jahre beträgt (§ 1854, 2 B.G.B. bezw. 1840, 3 B.G.B.).
12. S. Peters Beispiel XII 25.
13. Bei der Auseinandersetzungspflegschaft kann von einer Vermögensverwaltung keine Rede sein, daher ist Spalte 6 durch wagerechte Striche auszufüllen, § 57, 6.
14. § 57, 8.
15. Dem Mündel ist später Vermögen zugefallen, daher ist die erste Eintragung roth zu unterstreichen.

Noch: **Formular Nr. 24.** (§ 57.)

Beistandschaften. XI, XII, XIII. (Fortsetzung.)

Durch die Abtheilung laufende Nummer der XI Vormundschaften.	XII Pflegschaften.	XIII Beistandschaften	Rechnungslegung. Einreichung des Vermögensverzeichnisses. Befreit.	Nicht befreit. Ohne Verwaltung.	Jährlich.	Alle 2 bis 3 Jahre.	Grund der Vormundschaft über Volljährige oder der Pflegschaft.	Die Akten sind weggelegt im Jahre	aufzubewahren bis	Bemerkungen.
5. a.	b.	c.	6. a.	b.	c.	d.	7.	8. a.	b.	9.
12			XI [10])							2. 02. (4) [11])
	18		—	—	—	— [13])	Auseinandersetzung des Vaters mit seinem Sohne	1901	1907	Abgegeben zu XIV 6/02 [14])
24				XI [15])		XI				10. 04. (3) [16])
30					XI					April
27					XI					Oktober

16. Der Vermerk bedeutet, daß im Oktober alle 3 Jahre Rechnung zu legen ist und die Periode vom Jahre 1904 ab läuft.

17. Die Vormünder führen die Verwaltung gemeinschaftlich, d. i. ungetrennt, deshalb ist kein Gegenvormund zu bestellen, § 1792, 2 B.G.B.

18. In diesem Falle wird (aus leicht ersichtlichen Gründen) die Verwaltung nicht gemeinschaftlich (nicht ungetrennt) geführt, es muß deshalb ein Gegenvormund bestellt werden; im Interesse der Sachlage hat das Gericht gemäß § 1792, 2 den einen Vormund zum Gegenvormunde des anderen bestellt; daß dieses geschehen ist, soll der Vermerk in Sp. 4b ausdrücken, die amtliche Anmerkung verlangt also in diesem Falle keine Wiederholung der Eintragungen der Sp. 4a. Ist ein anderer Gegenvormund bestellt (das Gesetz läßt dem Gericht darin freien Spielraum § 1792, 3), so ist er in Sp. 4b einzustellen. Sollte später ein anderer Vormund bestellt werden, so ist der Vermerk in Sp. 4b roth zu unterstreichen.

Familienrechtsregister.

Name, Beruf und Wohnort der Betheiligten.	Jährlich fortlaufende Nummer der XIV Angelegenheiten außerhalb einer Pflegschaft oder Beistandschaft, die unter § 91 Abs. 1 Pr.G.F.G. fallen.	XV sonstigen familien-rechtlichen Angelegenheiten.	XVI Standesamtssachen.	XVII Fürsorgeerziehungen.	Zu XIV und XV: Gegenstand des Antrags.
1.	2. a.	b.	c.	d.	3.
Brückner, August, Arbeiter und Frau, hier		1			Erziehungsstreit[1])
a) Lieber, Max, Kaufmann zu Friedeburg b) Lieber, Fritz, minderjährig, daselbst	1				Genehmigung zum Kaufe eines Geschäfts[2])
a) Berg, Georg, Schlächter, hier b) geschiedene Berg, Anna geb. Kiesel, hier c) Berg, Carl, minderjährig, hier[4])	2				Anordnungen in Betreff der Erziehung des Sohnes Carl[5])
a) verwittwete Kainz, Josefa geb. Jarno zu Lahr b) Kainz, Erich, Berthold, Hans, Gustav, minderjährige, daselbst[6])		2			Einreichung des Vermögensverzeichnisses der Kinder
a) Lieber, Max, Kaufmann zu Friedeberg b) Lieber, Fritz, minderjährig, daselbst	3				Genehmigung zur Ertheilung der Prokura[7])

Erläuterungen zum Familienrechtsregister.

1. § 58 Anm. 5c.
2. §§ 1643, 1822, 3 B.G.B., § 58, 2.
3. § 58, 3.
4. Mit Rücksicht auf die Vorschrift des § 58, 3 („Wird für dasselbe Kind" u. s. w.) wird das Kind mit aufzuführen sein.
5. Dieser Fall ist nicht mit XV 1 zu verwechseln; handelt es sich um die Kinder ge-

XIV, XV, XVI, XVII

Formular Nr. 26. (§ 58.)

Zu XVI: Bezeichnung des Standesamts.	Zu XVII: Die Fürsorgeerziehung ist angeordnet, weil die Voraussetzungen des §. 1666 oder des §. 1838 B.G.B. vorliegen.	der Minderjährige eine strafbare Handlung begangen hat.	sie zur Verhütung des völligen sittlichen Verderbens nothwendig ist.	(Die Fürsorgeerziehung ist) abgelehnt.	Die vorläufige Unterbringung ist angeordnet.	Die Akten sind weggelegt im Jahre	aufzubewahren bis	Die Akten sind abgegeben zu	Bemerkungen.
4.	5. a.	b.	c.	6.	7.	8. a.	b.	9.	10.
								XIV[3]) 3/01	
								L XI 25[8])	

schiedener Eheleute, so kommt, der Vorschrift des § 58, 2 entsprechend (die §§ 1635 und 1636 B.G.B. sind dort genannt) Sp. XIV in Frage.

6. Die Kinder sind, da es sich um ihr Vermögen handelt, zweifellos als Betheiligte aufzuführen; im übrigen s. § 58 Anm. 5g.

7. S. §§ 1643, 1 und 1822, 11 B.G.B. Der innere Zusammenhang der Beispiele XIV 1 und XIV 3 ist offensichtlich.

8. Nach dem Tode des Vaters ist eine Vormundschaft eingeleitet und die Blattsammlung nebst der schon vorher verbundenen Blattsammlung XIV 2 zu den Vormundschaftsakten abgegeben, § 58, 3.

Familienrechtsregister.

Name, Beruf und Wohnort der Betheiligten.	Jährlich fortlaufende Nummer der XIV Angelegenheiten außerhalb einer Pflegschaft oder Beistandschaft, die unter § 91 Abs. 1 Pr.G.F.G. fallen.	XV sonstigen familien-rechtlichen Angelegenheiten.	XVI Standesamtssachen.	XVII Fürsorgeerziehungen.	Zu XIV und XV: Gegenstand des Antrags.
1.	2. a.	b.	c.	d.	3.
Pault, Carl, Oberförster und Frau zu Szardehlen		3			Ersetzung der Zustimmung der Ehefrau zur Verpachtung des von ihr eingebrachten Landgutes 9)
a) Hausemann, Victor, Kommerzienrath, hier b) Urbat, Richard, Leutnant, hier		4			Bestätigung des Vertrages der Annahme an Kindesstatt 10)
Dieselben		5			Bestätigung der Aufhebung des Vertrages betr. die Annahme an Kindesstatt
a) Kropülinski, Josef, Fleischer zu Zabrze b) Kropülinski, Max, minderjährig, daselbst	4				Unterstützung des Vaters durch Zuchtmittel 12)
Verwittwete Begas, Georgine geb. Nansen zu Spaar		6			Befreiung von der zehnmonatlichen Wartezeit 14)
Woyda, Anna, Schulkind, hier				1	
Holz, Arno, Schriftsteller zu Bernau			1 16)		

9. § 1379, 1 B.G.B., § 58 Anm. 5b. Das Beispiel bringt einen der zahlreichen Fälle, in denen die Hülfe des Vormundschaftsgerichts auf dem Gebiete des „Familienrechts" (IV. Buch B.G.B.) in Anspruch genommen werden kann, ohne daß Kinder dabei in Frage kommen.

10. § 58 Anm. 7.

11. Die Blattsammlung ist auf richterliche Anordnung abgegeben, § 58, 8; der organische Zusammenhang ist klar ersichtlich.

12. § 1631, 2 B.G.B.

XIV, XV, XVI, XVII (Fortsetzung). Noch: Formular Nr. 26. (§ 58.)

Zu XVI: Bezeichnung des Standesamts.	Zu XVII: Die Fürsorgeerziehung ist angeordnet, weil die Voraussetzungen des §. 1666 oder des §. 1838 B.G.B. vorliegen.	Zu XVII: Die Fürsorgeerziehung ist angeordnet, weil der Minderjährige eine strafbare Handlung begangen hat.	Zu XVII: Die Fürsorgeerziehung ist angeordnet, weil sie zur Verhütung des völligen sittlichen Verderbens nothwendig ist.	Zu XVII: Die Fürsorgeerziehung ist abgelehnt.	Zu XVII: Die vorläufige Unterbringung ist angeordnet.	Zu XVII: Die Akten sind weggelegt im Jahre	Zu XVII: Die Akten sind aufzubewahren bis	Die Akten sind abgegeben zu	Bemerkungen.
4.	5. a.	5. b.	5. c.	6.	7.	8. a.	8. b.	9.	10.
								XV[11]) 5/01	
								K XII[13]) 75	
			1			1901	1912[15])		
Bernau									

13. Später ist zwecks Theilung des Nachlasses der Mutter eine Pflegschaft eingeleitet, § 58,3.
14. S. § 98 Pr.G.K.G. und Siméon Anm. dazu; sowie Allerh. Verord. v. 16. November 1899, §§ 1303, 1322 B.G.B. Andere Dispense ertheilt der Justizminister z. B. betreffend die Ehemündigkeit der Frau, sie gehören nicht in das Register.
15. Die Akten werden nach 10 Jahren vernichtet, Allgem. Verf. v. 6. September 1900 (J.M.Bl. S. 569) B § 11,2.
16. § 58,9. Der Standesbeamte hat den Erlaß des Aufgebots verweigert, weil eine Geburtsurkunde unrichtig war.

Formular Nr. 25. (§ 57.)

Nachweisung zu Vormundschafts-, Pflegschafts- und Beistandschaftsakten.*)

Aktenzeichen 6 M XII 58.

1.	Vor- und Familienname, Beruf und Wohnort oder Aufenthaltsort des Vaters oder der Mutter der minderjährigen Mündel u. s. w. sowie der Todestag des Vaters.	Landschaftsmaler Ernst Müller hier, gest. am 23/4 1900
2.	Vor- und Familienname und Geburtstag der Mündel u. s. w., bei volljährigen Mündeln u. s. w. auch deren Stand und Wohnort oder Aufenthaltsort.	Ernst Albert Müller, geb. am 14/12 1886
3.	Name, Beruf und Wohnort des Vormundes, Pflegers oder Beistandes und des Gegenvormundes.	Pfleger: Kaufmann Friedrich Großmann hier
4.	Ist der Waisenrath benachrichtigt?	ja, Bl 10
5.	Ist das Vermögensverzeichniß eingereicht?	ja, Bl 4
6.	Ist dem Beistande die Vermögensverwaltung ganz oder theilweise übertragen?	ja
7.	Gehören zum Vermögen der Mündel Inhaber- oder sonstige Werthpapiere? Sind sie hinterlegt oder auf den Namen umgeschrieben?	nein, Bl 5 nein
8.	Hat der Vormund, Beistand oder Pfleger Sicherheit bestellt?	nein
9.	Hat der Vormund oder Pfleger Rechnung zu legen und in welchen Zeitabschnitten? Beginn des Rechnungsjahrs.	Vom August 1901 ab alle 3 Jahre, Bl 9
10.	Für welche Zeit und wann ist Rechnung gelegt oder eine Uebersicht des Vermögensbestandes eingereicht?	1900—01, Bl 21
11.	Wann ist die letzte Rechnung geprüft?	3/9 1901, Bl 21
12.	Rücksichtlich welcher Mündel u. s. w. ist die Schlußrechnung gelegt?	
13.	Für welche Mündel u. s. w. ist die Entlastung ertheilt?	
14.	Bemerkungen.	

*) Anmerkungen.

1. Zu dem Formular ist ein halber Bogen zu verwenden, auf dessen beiden Seiten den einzelnen Spalten ein entsprechender Raum zuzutheilen ist.
2. Diejenigen Spalten, deren Inhalt auf dem Aktendeckel angegeben wird, brauchen nicht aufgenommen zu werden.
3. In der Spalte 14 ist insbesondere anzugeben, ob ein Familienrath bestellt ist und aus welchen Mitgliedern er besteht.
4. Bei den Eintragungen ist die Stelle der Akten oder der Zeitpunkt des Vorganges zu bezeichnen.

Examinatorium.

1. Wie werden die einzelnen Abtheilungen der Gerichtsschreiberei äußerlich bezeichnet?

2. Durch welches Gesetz ist die Einrichtung der Gerichtsschreiberei angeordnet?

3. Welche Register und Akten dürfen von Jedermann eingesehen werden?

4. Gilt dieses auch von den Grundakten?

5. In welchen Fällen ist die Zuziehung eines Protokollführers nothwendig?

6. Wann zulässig?

7. Welche Obliegenheiten hat der I. Gerichtsschreiber?

8. Im Korridor des Gerichts sind ein Dutzend Rebhühner aufgefunden; was ist zu veranlassen? Verfügungen und Expeditionen sind anzugeben.

9. Wie lautet der Eingangsvermerk, wenn ein Einspruch gegen ein Versäumnißurtheil eingeht?

10. Wie ist zu verfahren, wenn der Erblasser sein eigenhändiges Testament in der Gerichtsschreiberei überreicht?

11. Wer empfängt Geldsendungen an die Gefangenenarbeitsverdienstkasse?

12. In welchen Fällen sind Blattsammlungen zu bilden (§ 7, 1)?

13. Beispiele zu nennen!

14. In welchen Fällen sind z. B. Generalakten anzulegen?

15. Was versteht man unter der Geschäftsnummer?

16. Wann ist die Blattsammlung zu heften?

17. Welche Blattsammlungen sind zu foliiren?

18. Welche stets zu heften?

19. Das Verfahren der Weglegung der Blattsammlungen ist ausführlich zu schildern.

20. Wann ist das Unterscheidungszeichen (§ 8, 4) anzuwenden?

21. Wann finden Uebertragungen in neu angelegte Register statt? (§ 9, 5.)

22. Ein ersuchtes Gericht hat eine eidesstattliche Versicherung aufgenommen, ist diese in das Beurkundungsregister einzutragen?

23. Der Staatsanwalt ersucht das Amtsgericht um Haftfristverlängerung; wo einzutragen?

24. Ein benachbartes Amtsgericht ersucht um Strafvollstreckung; wo einzutragen?

25. Vollzieht der Richter Schreiben an den Waisenrath?

26. Wann sind Zustellungsurkunden vorzulegen?

27. Wie wird die endgültige Abgabe von Akten nachgewiesen?

28. Vor Ertheilung einer weiteren vollstreckbaren Ausfertigung hört der Richter den Schuldner in einem Termin? Wo ist derselbe einzutragen?

29. Ueberträgt der Gerichtsschreiber die Terminsbestimmung auch auf die für den Gegner bestimmte Abschrift?

30. Die Hauptpunkte aus der Allgemeinen Verfügung vom 25. Juni 1897 über die Schreibweise bei den Justizbehörden sind anzugeben.

31. Was versteht man unter Ersatzzustellung?

32. Wie erfolgt die Zustellung an Gefangene?

33. Ein Kostenfestsetzungsbeschluß ist gegen beide Eheleute ergangen, genügt die Zustellung an den Ehemann?

34. In einem Armenrechtsbeschlusse hat der Richter im Rubrum nur die Namen der Parteien angegeben, was hat der Gerichtsschreiber zu veranlassen?

35. Wann wird der Geschäftskalender angewendet?

36. Gehört eine Strafsache wegen Forstdiebstahls im Rückfalle dorthin?

37. Wann werden Terminssachen aus dem Geschäftskalender vorgelegt?

38. Wie kontrolirt der Gerichtsschreiber die Vorlegung?

39. Sind alle Fristen in den Geschäftskalender einzutragen?

40. Werden Fristen in Haftsachen von 3 Tagen in den Geschäftskalender eingetrgen?

41. Wie werden Volljährigkeitstermine kontrolirt?

42. Wann kommt das Ausgabebuch zur Anwendung?

43. Werden Akten, die zur Kanzlei kommen, dort eingetragen?

44. Welche Vorschriften sind in Bezug auf die Führung des Ausgabebuchs erlassen?

45. Was enthält der Versendungsbeleg?

46. Wo ist er aufzubewahren?

47. In welchen Fällen darf der Gerichtsschreiber bei den von ihm vermittelten Zustellungen die Post um Zustellung ersuchen?

48. Eine Klage nebst Ladung ist dem Beklagten „öffentlich" zuzustellen. Was ist zu veranlassen?

49. Welche Vorschriften sind über die von Amtswegen zu bewirkenden Zustellungen erlassen? Schriftliche Aufgabe!

50. Was versteht man unter Zustellung durch Aufgabe zur Post?

51. Was veranlaßt der Gerichtsschreiber, wenn er einen Auftrag gemäß § 162 G.V.G. an den Gerichtsvollzieher vermittelt?

52. Eine Partei reicht ein Urtheil ein mit dem Ersuchen um Uebergabe an den Gerichtsvollzieher zur Zwangsvollstreckung; die einfache

Ausfertigung liegt nicht bei. Was veranlaßt der Gerichtsschreiber? (§ 21, 6.)

53. Welche Spalten enthält das Sühne-Register?

54. Wann wird ein Protokoll in Sühnesachen aufgenommen?

55. Wo werden die Vergleiche aufbewahrt?

56. Nach wieviel Jahren können sie vernichtet werden?

57. Wie werden die Spalten 6a und 6b des Sühneregisters ausgefüllt?

58. Wie geschieht die Ausfüllung, wenn Niemand erscheint?

59. Was gilt von den Eintragungen in Spalte 6e?

60. Im Termine war Niemand erschienen, später wird neu geladen, läuft die Sache unter der alten Nummer weiter?

61. Wird die Ertheilung einer vollstreckbaren Ausfertigung des Sühnevergleichs im Register vermerkt?

62. Ueber den Sühneversuch in Ehesachen ist eine Bescheinigung ertheilt, wird dieses irgendwo vermerkt?

63. Was geschieht, wenn der Rechtsstreit, nachdem ein Sühnevergleich nicht zu Stande gekommen ist, sofort verhandelt wird; welche Eintragungen sind zu machen?

64. Das Mahnregister hat welche Spalten?

65. Wann hat der Gerichtsschreiber im Mahnverfahren ein Protokoll aufzunehmen?

66. Eine Partei stellt bei dem Gerichtsschreiber den mündlichen Antrag, einen Zahlungsbefehl wegen Lieferung eines Pferdes zu erlassen, wie verhält sich der Gerichtsschreiber?

67. Ist die Benachrichtigung des Gläubigers von der Erhebung des Widerspruchs zuzustellen?

68. Werden zurückweisende Verfügungen im Mahnverfahren ausgefertigt?

69. Wann sind für Mahnsachen Hüllen zu verwenden?

70. Ein zurückgewiesenes Mahngesuch ist später vervollständigt eingereicht, ist es neu einzutragen?

71. Von mehreren Schuldnern erhebt einer Widerspruch, wo wird das vermerkt?

72. Wie ist einzutragen, wenn der Vollstreckungsbefehl wegen eines geringeren Betrages erlassen wird?

73. Sind Rechtsmittel gegen den Vollstreckungsbefehl zuläſſig?

74. Wie lautet der Vermerk, daß ein 2. Vollstreckungsbefehl ertheilt ist?

75. Das Civilprozeßregister hat welche Spalten?

76. Welche Blattsammlungen werden stets mit den Akten über die Hauptsache vereinigt (§ 25, 5)?

77. Wird die Abgabe der Blattsammlung vermerkt?

78. Wie werden Urkundenprozesse, die nicht Wechselsachen sind, bezeichnet?

79. Zu welchem Zwecke geschieht dieses?

80. Wie ist zu verfahren (im Register), wenn die Entmündigung wegen Verschwendung beschlossen ist?

81. Wenn sie abgelehnt ist?

82. Was wird vermerkt, wenn die Wiederaufhebung der Entmündigung an ein anderes Gericht überwiesen und von diesem übernommen ist?

83. Ein Arrestantrag geht im Laufe des Prozesses ein, wird eine Blattsammlung angelegt?

84. Wird der Antrag eingetragen?

85. Es sind Beispiele für H-Sachen zu nennen.

86. Wann unterbleibt die Eintragung von H-Sachen?

87. Gilt ähnliches von G-Sachen?

88. Für wieviel Jahrgänge wird das Namenverzeichniß z. Civ. Proz. Reg. angelegt?

89. Mehrere Aufgebotsanträge werden vereinigt, sind sie einzeln einzutragen?

90. Welche Mittheilungen erhält der Staatsanwalt in Entmündigungssachen?

91. Wodurch wird ein Entmündigungsbeschluß angefochten?

92. Wann wird z. B. die Wiederaufhebung der Entmündigung eingeleitet?

93. Gehören Urtheile in Arrestsachen in das Nebenregister?

94. Wo sind (in das Nebenregister) Urkundenprozesse, die nicht Wechselsachen sind, einzustellen?

95. Das Vollstreckungsregister hat welche Spalten?

96. Gehört ein Antrag auf Eintragung einer Sicherungshypothek dorthin?

97. Wird die Wiederversteigerung eines Grundstücks neu eingetragen?

98. Was ist zu vermerken, wenn ein Gläubiger der Zwangsversteigerung beitritt?

99. Was, wenn der betreibende Gläubiger den Antrag zurücknimmt?

100. Nach wieviel Jahren sind Zwangsversteigerungsakten zu vernichten?

101. Was versteht man unter dem „Schuldnerverzeichniß"?

102. Ist es öffentlich?

103. Ist die Eintragung des Schuldners in das Verzeichniß noch irgendwo zu vermerken?

104. Was sind kontradiktorische Verhandlungen?

105. Der Kalender für mündliche Verhandlungen hat welche Spalten?

106. Wer hat die Ausfüllung zu besorgen?

107. Können in einer Verhandlung mehrere Spalten ausgefüllt werden?

108. Wie ist ein Theilurtheil kenntlich zu machen?

109. Wo wird das Läuterungsurtheil eingetragen?

110. Welche Zwischenurtheile gehören in Spalte 7b?

111. Welche in Spalte 7c?

112. Welche sind zu unterstreichen?
113. Wo ist die Verbindung zweier Prozesse zu vermerken?
114. Was ist zu vermerken, wenn ein Termin von Amtswegen vertagt wird?
115. Was, wenn der Termin aufgehoben wird?
116. Im Verkündungstermine ergeht ein Beweisbeschluß, wo wird das vermerkt?
117. Werden Schiedssprüche in ein Register eingetragen?
118. Wie werden sie behandelt?
119. Welchen Zweck hat der Urtheilsaushang?
120. Wo ist er anzubringen? Auf dem Flur?
121. Werden Ausschlußurtheile auch in den Aushang eingetragen?
122. Weshalb?
123 Wo ist der Tag des Aushangs zu vermerken?
124. Das Konkursregister hat welche Spalten?
125. Was ist zu vermerken, wenn ein Konkursverfahren wieder aufgenommen wird?
126. Welche Aktenbände sind im Konkursverfahren anzulegen?
127. Was gehört in den Band a, b, c?
128. Die Konkurstabelle hat welche Spalten?
129. Welche Forderungen gehören in die 1. Abtheilung?
130. In die 2. Abtheilung?
131. Wie ist einzutragen, wenn ein Vorrecht zurückgenommen wird?
132. Was sagt die Geschäfts-Ordnung bezüglich der Ertheilung von vollstreckbaren Ausfertigungen aus der Tabelle? (§. 34, 1 u. 2.)
133. Wo ist die Eröffnung und die Aufhebung des Konkurses bekannt zu machen?
134. Werden mit Forstdiebstahlssachen Akten angelegt?
135. Wer stellt das Forstdiebstahls-Verzeichniß auf?
136. Wo werden Termine in Forstsachen eingetragen?
137. In welchen Fällen wird eine Anklageschrift eingereicht?
138. Wo ist diese einzutragen?
139. Was ist zu veranlassen, wenn Berufung eingelegt worden ist?
140. Das Privatklageregister hat welche Spalten?
141. Läuft eine zurückgewiesene und später von Neuem angebrachte Privatklage unter der alten Nummer weiter?
142. Wie wird die Widerklage ersichtlich gemacht?
143. Wird ein alphabetisches Namenverzeichniß geführt?
144. Bis zu welchem Zeitpunkte ist die Erhebung der Widerklage zulässig?
145. Darf eine 19 Jahre alte Person die Privatklage erheben?
146. Das Strafprozeß-Register hat welche Spalten?
147. Was ist bei G-Sachen in Spalte 10 anzugeben?
148. Wie werden die von der Strafkammer überwiesenen Sachen kenntlich gemacht?
149. Auch auf dem Aktendeckel?

150. Wird das Urtheil in solchen Sachen im Strafprozeß-Register kenntlich gemacht?

151. Wo wird das Ersuchen der Strafkammer um Zeugenvernehmung eingetragen?

152. Wer führt die Voruntersuchung?

153. Sind Akten anzulegen?

154. Werden mit G-Sachen Akten angelegt?

155. Welche Vorschriften sind über „Strafnachrichten" erlassen? Schriftliche Aufgabe!

156. Darf der Gerichtsschreiber den Anschluß des Nebenklägers zu Protokoll nehmen?

157. Der Kalender für Hauptverhandlungen hat welche Spalten?

158. Was gilt über die Eintragung von Forstdiebstahlssachen?

159. In welchen Fällen werden die in Spalte 8 einzustellenden Buchstaben unterstrichen?

160. Zu welchem Zwecke geschieht das?

161. Wo wird die beschlossene Wiederaufnahme des Verfahrens in einer Privatklagesache eingetragen?

162. Die Liste der Ueberführungsstücke hat welche Spalten?

163. Wann und von wem ist die Liste durchzusehen?

164. Das Beurkundungsregister hat welche Spalten?

165. Worin besteht der Unterschied in der Bedeutung der Spalten I und IV? (S. § 44 Abs. 3 u. Abs. 7.)

166. Wo ist ein Erbtheilungsvertrag einzutragen?

167. Wo Vereinbarungen gemäß § 91 Reichsges. freiw. G.?

168. Was gehört außer „Beglaubigungen" noch in II?

169. Wie würde der Vermerk bei Sicherstellung des Datums einer Privaturkunde lauten?

170. Welche Vorschriften enthält das Pr. Ges. freiw. G. über das Verfahren der freiwilligen Versteigerung? (Art. 66 ff.)

171. Wann kann der Gerichtsschreiber die Versteigerung vornehmen?

172. Ist die Beurkundung des Zuschlags noch besonders einzutragen?

173. In einem Theilungsverfahren (X) ist dem Antragsteller zwecks Befreiung von der Vorschußpflicht das Armenrecht bewilligt, wird dieses eingetragen?

174. Es ist eine größere Anzahl von Beispielen für Handlungen und Entscheidungen, die in Spalte IV einzutragen sind, zu nennen.

175. Was ist Verbodmung?

176. Was ist Verklarung?

177. Werden die durch den Gerichtsschreiber vorgenommenen Handlungen im Register kenntlich gemacht?

178. Gehört die Beurkundung des Zuschlags im Zwangsversteigerungsverfahren in das Beurkundungsregister?

179. Welche Handlungen in Grundbuchsachen sind zu unterstreichen?

180. Wann kann die Unterstreichung unterbleiben?

181. Sind mit den Schriften des Beurkundungsregisters Akten anzulegen?

182. Wie werden die Blattsammlungen der Aktenzeichen I, III, IV aufbewahrt?
183. Wie sind Wechselproteste einzutragen?
184. Was ist ein Testament?
185. Was ein Erbvertrag?
186. Das Register für Verfügungen von Todeswegen hat welche Spalten?
187. Welche Spalte kommt in der Hauptübersicht nicht zur Darstellung?
188. In welcher Weise wird ein Testament vor dem Richter errichtet?
189. Was ist ein eigenhändiges Testament?
190. Muß es in amtliche Verwahrung genommen werden?
191. Welches ist das Nachlaßgericht?
192. Kann der Erblasser bei jedem beliebigen Gericht die Verwahrung seines Testaments verlangen?
193. Kann ein Erbvertrag mit einem Ehevertrage verbunden werden?
194. Was hat das Gericht, welches ein Testament in Verwahrung nimmt, zu veranlassen, wenn der Erblasser seinen Wohnsitz im Bezirk eines anderen Gerichts hat?
195. Welche Testamente sind, ohne daß das Gericht vom Tode des Erblassers speziell Kenntniß erhält, zu eröffnen?
196. Welche Gesetze, Vorordnungen und Verfügungen sind für die Bearbeitung der Grundbuchsachen erlassen? S. Anmerk. 1 zu § 48.
197. Welche Abtheilungen hat das Grundbuch?
198. Was gehört in die einzelnen Abtheilungen?
199. Was versteht man unter Tabelle?
200. Wo und wie ist sie aufzubewahren?
201. Wo ist die Schließung des Grundbuchblattes erkennbar zu machen?
202. Was ist unter dem Flurbuch zu verstehen?
203. Welche Spalten hat das Eigenthümerverzeichniß?
204. Kann derselbe Eigenthümer mehrmals darin vorkommen?
205. Das Tagebuch des Grundbuchführers hat welche Spalten?
206. Wie ist das Tagebuch auszufüllen, wenn der Vertrag bei der Auflassung vorgelegt ist?
207. Wo wird die Landgüterrolle geführt? d. i. in welchen Gebietstheilen?
208. Wo die Höferolle?
209. Was versteht man unter Höferecht und Recht der Landgüterrolle?
210. Welche Firmen gehören in Abtheilung A des Handelsregisters?
211. Und in Abtheilung B?
212. Welche Vereine können in das Vereinsregister eingetragen werden?

213. Gehört eine Darlehnskasse in das Vereinsregister?
214. Ein Stenographen-Verein?
215. Welchen Zweck hat das Güterrechtsregister?
216. Sind die Eintragungen öffentlich bekannt zu machen?
217. Ist der Gerichtsschreiber zur Aufnahme von Anträgen betreffend Eintragung in das Güterrechtsregister zuständig?
218. Wo ist die Eintragung bekannt zu machen?
219. Wann genügt der Antrag des einen Ehegatten zur Eintragung? (§. 1561 B.G.B.)
220. Was versteht man unter Genossenschaften?

221. Einige Beispiele aus dem Genossenschaftsgesetz sind anzugeben.
222. Welche drei Arten von Genossenschaften giebt es? (§. 2 des Gesetzes.)
223. Welches ist die geringste Zahl der Genossen?
224. Muß jede Genossenschaft einen Vorstand haben?
225. Auch einen Aufsichtsrath?
226. Wem ist von der Eintragung in die Liste der Genossen Nachricht zu geben?
227. Wo ist die Eintragung einer Genossenschaft bekannt zu machen?
228. Sind Eintragungen in die Liste der Genossen vom Gerichtsschreiber zu unterzeichnen?
229. Welchen Zweck verfolgen Wassergenossenschaften?
230. Wie sind Anträge auf Eintragung in das Musterregister zu präsentiren?
231. Welche Schiffe sind in das Seeschiffsregister einzutragen?
232. Werden für die Schriften, die zum Börsenregister eingehen, Blattsammlungen gebildet?
233. Das Aktenregister für Registerangelegenheiten hat welche Spalten?
234. Gehört ein Antrag auf Abänderung einer Firma dorthin?
235. Sind Blattsammlungen anzulegen?
236. Wie ist zu verfahren, wenn die Blattsammlung zu den Registerakten geht?
237. Hat der Standesbeamte die standesamtlichen Nebenregister dem Amtsgericht einzureichen? Antwort: Nicht direkt, sondern dem Vorsitzenden des Kreisausschusses, dieser übersendet sie dem Amtsgericht.
238. Wo sind die Register aufzubewahren?
239. Das Nachlaßregister hat welche Spalten?
240. Ist in Spalte 1 bei Sachen der Ziffer X der Name des Erblassers aufzuführen?
241. Welche Bedeutung haben die Worte der Ueberschrift „oder der Miteigenthümer der Theilungsmasse"?
242. Sind mit den Schriften des Nachlaßregisters Akten anzulegen?
243. Für welche Sachen können Hüllen aus Aktendeckelpapier verwendet werden?
244. Wie ist der Unterschied der Spalten VII und VIII?

245. Beispiele für Spalte VII!

246. Beispiele für Spalte VIII!

247. Erhält jede einzelne Erklärung, die sich auf denselben Nachlaß bezieht, eine besondere Nummer?

248. Was versteht man unter Erbschein? (§. 2253 B.G.B.)

249. Wer vollzieht die Ausfertigung?

250. Wann ist der Erbschein für kraftlos zu erklären?

251. Ist die Kraftloserklärung neu einzutragen?

252. Sind mehrere Blattsammlungen der Spalte IX, die sich auf denselben Erblasser beziehen, zu vereinigen?

253. Was ist in dem Antrage auf Erbtheilung zu bezeichnen? (§. 87 Reichsges. freiw. G.)

254. Welche Vorschriften sind bezüglich der Ladungen im Erbtheilungsverfahren gegeben? (§§ 89 ff. Reichsges. freiw. G.)

255. Kann die Erbtheilung einem Notar überwiesen werden?

256. Sind Blattsammlungen der Spalten VII bis IX zur X-Sache abzugeben?

257. Zu welchen Akten ist die Auseinandersetzung eines Vaters mit seinen Kindern abzugeben?

258. Wo wird die Abgabe einer Blattsammlung vermerkt?

259. Werden Geschäfte der Spalten 2a bis 2c, die im Verlaufe eines bereits anhängigen Theilungsverfahrens vorgenommen werden, noch besonders in das Nachlaßregister eingetragen?

260. Ist für das Nachlaßregister ein Namenverzeichniß zu führen?

261. Das Register der Vormundschaften, Pflegschaften und Beistandschaften hat welche Spalten?

262. Wann ist eine Vormundschaft einzuleiten?

263. Ist sie auch bei Volljährigen zulässig?

264. Wann ist die vorläufige Vormundschaft zulässig?

265. Wie ist (im Register) zu verfahren, wenn eine vorläufige Vormundschaft in eine definitive übergeht?

266. Wann wird eine Pflegschaft eingeleitet?

267. Wann eine Beistandschaft?

268. Welche Bedeutung hat die Ueberschrift in Spalte 2?

269. Wann wird eine Auseinandersetzungspflegschaft weggelegt?

270. Können mehrere Vormünder bestellt werden?

271. Können sie die Vormundschaft gemeinschaftlich führen? (§ 1792, 2 B.G.B.)

272. Können ihre Wirkungskreise getheilt werden? (§ 1792, 3 B.G.B.)

273. In welchen Zeiträumen ist die Rechnung zu legen? (§ 1840, 3 B.G.B.)

274. In welchen Zeiträumen ist das Vermögensverzeichniß vom „befreiten" Vormunde einzureichen? (§ 1854, 2 B.G.B.)

275. Sind — wenn die Spalte „Befreit" zur Anwendung gelangt ist — die anderen Spalten über die Rechnungslegung auszufüllen?

276. Ist in diesem Falle in Spalte 9 etwas zu vermerken? (S. amtl. Anm. 2 zum Register.)

277. Wie sind die Spalten bezüglich der Rechnungslegung (6 a—d) bei einer Auseinandersetzungspflegschaft auszufüllen?

278. Welche Eintragungen sind bei Beendigung der Vormundschaft roth zu unterstreichen?

279. Das Familienrechtsregister hat welche Spalten?

280. Wann sind Akten anzulegen?

281. Welche Angelegenheiten gehören in Spalte XIV?

282. Beispiele?

283. In welchem Paragraphen des Pr. G.K.G. sind die in Spalte XIV gehörenden Angelegenheiten enthalten?

284. Werden die Blattsammlungen der Spalte XIV miteinander verbunden (abgegeben)?

285. Werden sie zu später entstehenden Vormundschaftsakten u. s. w. abgegeben?

286. Welche Angelegenheiten gehören in Spalte XV? (Abs. 4 § 58.)

287. Beispiele?

288. Kann das Vormundschaftsgericht in Anspruch genommen, auch wenn es sich nicht um Kinder bezw. Mündel handelt? (S. Erläuterung 9 zu Formular 26.)

289. Beispiele?

290. In welche Spalte (XIV oder XV) gehören die im § 94 Pr. G.K.G. bezeichneten Angelegenheiten?

291. Wer darf eine andere Person an Kindesstatt annehmen? (§ 1841,1 B.G.B.)

292. In welchen Fällen kann das Amtsgericht bei der Bestätigung in Wirksamkeit treten?

293. Gehört der vor dem Amtsgericht aufgenommene Annahmevertrag in das Familienrechtsregister?

294. Wo ist die Beschwerde über den Standesbeamten, der eine Amtshandlung zu unternehmen sich weigert, einzutragen?

295. In welchen Fällen ist die Fürsorgeerziehung zulässig?

296. Was gilt bezüglich der Verbindung von Blattsammlungen der Spalte XV untereinander?

297. Werden Blattsammlungen der Spalte XV zu später entstehenden Vormundschaftsakten abgegeben?

298. Werden Stiftungen in irgend ein Register eingetragen?

299. In welchem Falle tritt bei Stiftungen das Nachlaßgericht in Thätigkeit? (§ 59,2.)

300. Was ist zu veranlassen, wenn die besonderen geschäftlichen Verhältnisse eines Amtsgerichts Abweichungen von den Vorschriften dieser Geschäftsordnung nothwendig machen?

Sachregister.

Die großen Zahlen bedeuten die Paragraphen, die kleinen die Absätze derselben.

A.

B.

C.

D.

E.

F.

G.

V.

W.

Z.

Empfehlenswerthe Werke zum Studium.

1. **Peters und Boschan**: Die Geschäfts-Ordnung. 8. Auflage.
2. **Fidler Leitfaden** durch das Bürgerliche Gesetzbuch und das Handelsgesetzbuch sowie durch die Gesetze über das gerichtliche Verfahren. Ein Handbuch zum Gebrauche der gerichtlichen Beamten für Studium und Praxis sowie für den Verkehr mit den Gerichten. 2. Auflage.

   Im Justiz-Ministerialblatt Nr. 29 vom 27. Juli 1900 ist auf dieses Werk aufmerksam gemacht.
3. Jastrow: Formularbuch und Notariatsrecht. 13. Auflage.
4. Das „Bureau-Blatt für gerichtliche Beamte".
5. Rüdorff und Appelius: Strafgesetzbuch. 20. Auflage.
6. Sydow und Busch: Civilprozeßordnung und Gerichtsverfassungsgesetz. 9. Auflage.
7. Sydow und Busch: Das deutsche Gerichtskostengesetz nebst Gebührenordnungen für Gerichtsvollzieher, Zeugen und Sachverständige. 6. Aufl.
8. Parisius und Crüger: Das Reichsgesetz, betreffend die Erwerbs- und Wirthschaftsgenossenschaften. 9. Auflage.
9. Fischer: Grundbuchordnung nebst den preußischen Ausführungsbestimmungen.
10. Jastrow: Die Gesetze des Reiches und Preußens über die freiwillige Gerichtsbarkeit. 2. Auflage.
11. Schultzenstein und Köhne: Das deutsche Vormundschaftsrecht und das preußische Gesetz über die Fürsorgeerziehung. 2. Auflage.
12. Fidler: Das Reichsgesetz über die Beurkundung des Personenstandes und der Eheschließung in der vom 1. Januar 1900 ab geltenden Fassung.
13. Pfafferoth: Preußische Beamten-Gesetzgebung. 3. Auflage.
14. Siméon: Preußisches Gerichtskostengesetz. 8. Auflage.
15. Hellweg: Strafprozeßordnung. 11. Auflage.
16. **Müller**: Die preußische Justizverwaltung.
17. J. Becker: Stempelsteuergesetz von 1896.
18. Zeitschrift für mittlere Justizbeamte.
19. Fischer: Das Verfahren der Zwangsversteigerung nach dem Reichsgesetz vom 24. März 1897 an einem Rechtsfalle dargestellt. 2. Auflage.
20. Achilles: Bürgerliches Gesetzbuch nebst Einführungsgesetz. In Verbindung mit Professor Dr. André, Amtsgerichtsrath Greiff, Amtsrichter Ritgen, Landgerichtsrath Dr. Unzner, s. Z. Schriftführer bei der Kommission für die zweite Lesung des Entwurfs eines Bürgerlichen Gesetzbuchs, herausgegeben von Reichsgerichtsrath Dr. A. Achilles, s. Z. Kommissar des Reichs-Justizamts bei derselben Kommission. 3. vermehrte und verbesserte Auflage.

Druck von Otto Walter in Berlin S.

FSC
www.fsc.org
MIX
Papier | Fördert gute Waldnutzung
FSC® C083411

Kolibri 360 GmbH
Ferdinand-Jühlke-Straße 7
99095 Erfurt, Deutschland
produktsicherheit@kolibri360.de